現代地方財政の諸相

関野 満夫 編著

中央大学経済研究所
研究叢書 78

中央大学出版部

は し が き

　本書は中央大学経済研究所の財政研究部会の 2018〜20 年度における研究成果をとりまとめたものである。同期間の当部会の研究課題は「地方財政改革」であり，参加研究員からは計 7 本の研究論文の提出があった。その内容は，日本における現代地方財政の形成過程の研究，現代日本の地方税収格差の経済構造の研究，自治体予算制度における債務負担行為と継続費の研究，和歌山県内市町村を事例にした行政サービスと負担構造の研究，水道事業における官民連携の実証分析研究，国税・地方税の電子申告・納税制度の研究，パンデミック下のアメリカ州政府の財政行動の研究，と多岐にわたっている。そうしたことも踏まえて本書は「現代地方財政の諸相」という表題をつけている。

　さて，本書各章のねらいと要旨は以下のとおりである。

　第 1 章「現代地方財政の成立─戦前・戦後の連続と断絶に注目して─」（持田信樹）では，日本における現代地方財政はいかなる目的をもって成立し定着するに至ったのかという問を立てて，財政学・地方財政論の観点から一応の概念図をえがいてみることが目的とされる。そのために，まず福祉国家における政府間財政関係について，統計的・数量的に一度確認し，ついでそこにみられるその主要な構成要素をとりあげて，戦時税制改革とシャウプ勧告が与えた影響について検討される。地方財政システムの骨格は，恐慌と戦争という社会的騒乱を背景に 1940 年税制改正で生成した〈財源調整〉システムが，総司令部の意向で実施されたシャウプ勧告の地方自治にもとづいた〈財源保障〉システムの基本原則を取り込んで，自ら変容を遂げて成立した。シャウプ勧告の「解体」とみえるものは，実は 1940 年の中央地方を通じる財政改革によって成立した財政システムへの逆戻りではなく，「あらたな装い」での復帰と評価できる，と結論する。

　第 2 章「現代日本の地方税収格差と東京─地方法人 2 税の実態から─」（関

野満夫）の研究のねらいは以下のとおりである。近年，地方法人 2 税（法人住民税，法人事業税）については自治体間の税収格差特に東京都への税源偏在が問題とされ，法人住民税と法人事業税の税率引き下げと，その税率引き下げによる税収分の地方譲与税化と地方交付税原資化という，税源偏在是正措置が実施された。これは端的にいえば東京都の地方税収の一部を全国の自治体財政全体に均てん化する試みである。本章では，そうした地方法人 2 税の税源格差を生み出している東京経済の構造的特徴について，「県民経済計算」による県内総生産・県民所得や税務統計を利用して，東京都と他の大都市府県との比較に留意しつつ検討される。

　第 3 章「地方財政における債務負担行為と継続費の実態とあり方」（浅羽隆史）は，自治体予算制度における債務負担行為と継続費のあり方を検討している。その要旨は次のとおりである。債務負担行為と継続費は，債務性を有する予算の単年度主義の例外という共通点をもつが，現状ではいずれも課題がある。債務負担行為は総務省に債務と認識されているが，地方財政法第 5 条の対象以外の支出予定額が将来負担比率から抜けている。また，対象及び期間に関して地方財政法による統制が必要である。一方，地方財政状況調査対象外の継続費はより問題が大きい。2020 年度一般会計当初予算で継続費の活用は都道府県 13，政令市 4 と比較的少数にとどまる。しかし，小規模な非公共事業への活用や，財政の硬直化の恐れを指摘できる自治体もある。まずは実態把握が不可欠で，継続費を地方財政状況調査に加えるべきである。そして，翌年度以降の年割額を債務と位置付け，将来負担比率への算入や地方財政法などでの財政統制，後年度の議決が常に可能な改正も求められる，と指摘する。

　第 4 章「市町村財政連結決算から見たサービスと負担の構造変化」（中島正博）は，高齢社会へと向かう中，近年の地方財政におけるサービスと負担の構造変化を検討したものである。一般会計は連結決算の半分程度の構成比しかなく，保険料や料金収入等の独自の収入があるために，連結決算することによって，サービスと負担が「見える化」できるからである。本章では，和歌山県内の和歌山市，上富田町，古座川町を事例として，2006 年度と 2016 年度の連結決算

を作成の上で，① 市町村の歳出は社会保障に対する現金給付が最大であること，② 地方税や受益者負担の割合は高くはなってはいないこと，③ 国や県・社会保障基金からの財政移転が最大の比率を占めていること，が特徴としてあげられている。

　第5章「水道事業の官民連携に関する実証分析—様々な民間委託指標に基づいて—」（田代昌孝）では，地方公営企業である水道事業での官民連携の実態が検討される。その要旨は次のとおりである。水道事業の経営困難やインフラの老朽化から様々な官民連携，あるいは業務の民間委託が積極的に検討されているものの，日本の場合，水道事業の官民連携に関する研究成果は十分ではない。水道事業は当年度純利益が発生している限り，経営の効率化に関するインセンティブが働かない可能性がある。本章では官民連携，具体的には，様々な民間委託指標が当年度純利益に及ぼす影響の実証分析を行い，その結果，第三者委託導入，あるいは水道業務に携わる業務の民間委託は当年度純利益を発生させる要因として機能しておらず，委託料の割合が増える形での民間委託はむしろ，当年度純利益を発生させないことが確認される。そして，このことは当年度純利益の増加要因となる営業外収益に含まれる国や県，あるいは他会計からの補助金が重要であることを意味する，と指摘する。

　第6章「国税と地方税における電子申告・納税制度の進展と成果」（柏木恵）では，国税と地方税の電子申告・納税制度の発展と成果について検討される。電子申告・納税制度は2004年に開始されてから15年が経ち，日本の行政情報化の中では国民や企業に最も広く浸透してきており，納税者の利便性や行政の業務効率化に貢献していることが明らかにされる。具体的には，日本の行政情報化の変遷，電子申告・納税の実現までの変遷を把握した上で，① 国税電子申告・納税の概要，予算，利用状況，オンライン申請受付の単価，国税申告手続きの事務処理削減時間，e-Tax利用者の満足度，② 地方税の電子申告・納税の概要，地方税ポータルシステムeLTAXの変遷，地方税共同機構の運営予算と費用負担，システム開発・運用費用，eLTAXの利用状況，eLTAX満足度，③ 今後の展開について，が検討される。

　第 7 章「パンデミック下の米国の州財政行動」(片桐正俊)では，2020 年 3 月以来新型コロナウイルスの蔓延で感染者数と死者数がともに世界一になった米国において，経済と財政の状態が急速に悪化する中で，この 1 年間にそれに対応するために州が取った財政行動の実態を明らかにする。特に，人口規模が大きく感染者数も多い，上位 5 州の動向に注目している。経済が落ち込み税収減となった上に，感染症拡大で医療需要が膨らむが，州は厳しい均衡予算原則に拘束されているので，様々な予算管理戦略に打って出る。歳出削減や雨天基金の利用，地方援助削減等であるが，5 回にわたる連邦政府からの財政的支援は州財政を大きく支えた。特に，新型コロナウイルス援助・救済・経済保障 (CARES) 法と米国救済計画 (ARP) 法の財政的支援の意義は大きいが，同時に問題点を含むことも明らかにしている。

　2021 年 8 月

財政研究部会主査　関　野　満　夫

目　　次

第 1 章

現代地方財政の成立
——戦前・戦後の連続と断絶に注目して——

持 田 信 樹

1. 中央・地方間の財政関係

1-1　問題の所在

　日本では全政府支出に占める地方政府の割合が高いにもかかわらず，住民が負担する地方税のウェイトが低く，教育・福祉などの公共サービスに必要な財源のすくなからぬ部分が，中央政府からの移転財源（国庫支出金，地方交付税）によって補填されている。このような特色は地域の財政力の多寡を問わずに，画一的で標準的な行政サービスを全国津々浦々に供給することが求められる福祉国家の理念に沿うものといえる。

　現在の地方財政はいつ，いかなる動機によって形成されたのであろうか。この問への解答をめぐり，研究者の間では2つの理論的な立場に分かれている。すなわち（1）第2次大戦の戦時と戦後の地方財政の「断絶性」を重視し，シャウプ勧告を画期として戦前を「官治的地方自治」，戦後改革を「民主的地方自治」というかたちで対比するもの，（2）準戦時ないし戦時における財政調整制度の成立という事実に着目し，戦時と戦後の地方財政が「中央集権化」という軸に沿って「連続」していることを重視するもの，この両者である[1]。

---

1)　地方財政史をめぐる「断続説」と「連続説」のサーベイについて持田（1993）53-56ページを参照。

2

　戦後の地方制度は新憲法の「地方自治の本旨」にもとづいて近代化と民主化を図った。戦前，府県は中央政府の出先機関であった。中央政府の地方にかかわる事務は内務省が中央レベルで統合したうえで，これを官選の府県知事に委託した。知事公選と府県の自治体化および内務省解体は，戦前と戦後を分かつ画期であった。

　しかし，筆者が考察したいのは1940年の中央・地方の税制改革を画期に成立した恒久的な財政調整制度である地方分与税が，シャウプ勧告にもとづく地方財政平衡交付金という制度を経たのち，1954年に地方交付税につらなっていくという事実の解釈である。地方財政平衡交付金を廃止することによって，シャウプ勧告の地方財政論の「解体」にとどめをさすことに，地方交付税交付金創設の財政史的意義があったといわれる。しかし，シャウプ勧告の「解体」と見えるものは，1940年の中央・地方を通じる税制改革によって成立した戦時の中央集権制度への逆戻りではなく，本章で明らかにするように，「あらたな装い」での復帰であったという面がある[2]。

　本章は現代地方財政がいつ，いかなる目的をもって成立して，定着するに至ったのかという問を立てて，財政学・地方財政論の観点から一応の概念図をえがいてみることを目的としている。そのために，まず福祉国家における政府間財政関係について，統計的・数量的に一度確認し[3]，ついでそこに見られるその主要な構成要素をとりあげて，戦時の改革とシャウプ勧告が与えた影響についてのべる，という段取りで議論をすすめることとしたい。

1-2　転位効果と集中過程

　イギリスの財政学者ピーコックとワイズマンは1961年に，第一次，第二次大戦という総力戦をきっかけにして国家の所得再分配機能が飛躍的に高まり，

---

　2)　戦時期の改革に現代的な意義を見出す研究として神野（1993），持田（1993），野口（1995）がある。行政学では市川（2012）が代表的な業績である。市川は財政学者の研究（神野，持田，野口）を相互比較している。
　3)　福祉国家や現代資本主義における地方財政については林（1992）を参照。

平時化しても政府支出が戦前水準に戻らないという「転位効果」仮説を打ち出
して論争を巻き起こした。彼らは戦争毎に生じた「転位効果」に地方がごくわ
ずか，ないしほとんど参与してこなかったため，全政府支出中に占める地方政
府のウェイトは相対的に低下して，支出面では中央への「集中過程」が進行す
ることを突き止めた[4]。

　これは 19 世紀末ドイツの財政学者であるアドルフ・ワグナーが命名した「経
費膨張の法則」への明確な反論でもあった。表 1-1 はこれを見たものであるが，
イギリスにおいて地方歳出規模は第一次大戦と第二次大戦とをそれぞれに転機
にしてはっきりと傾向的に低下している。第二次大戦後の地方歳出のウェイト
の低下は著しい。

　一方，日本においては明治期に圧縮されていた地方財政の比重が日露戦後か
ら第一次大戦，そして昭和の初期にかけて著しく上昇し，それが第二次大戦末
期に極度に圧縮されたものの，戦後は再び戦前の水準へと上昇していくという
特有の軌跡が確認できる。国と地方の支出配分に関するかぎり，日本では「集
中過程」は欠如している。

　中央集権的な近代的地方自治制度において地方政府は義務教育の末端実施を

表 1-1　イギリスと日本の地方歳出規模の推移
（イギリスは 100 万ポンド，日本は 1890-1940 年は 100 万円，1950 年以降は億円）

	イギリス			日本		
	国 A	地方 B	B/A（%）	国 A	地方 B	B/A（%）
1890	81	50	62	82	40	49
1900	182	99	54	292	128	44
1910	142	130	92	569	280	49
1920	1,275	317	25	1,359	879	65
1930	695	399	57	1,557	1,647	106
1940	1,056	531	50	5,860	2,788	48
1950	3,479	1,060	30	6,332	5,099	81
1960	4,607	1,536	33	17,431	19,249	110

（出所）イギリスは Peacock, A and Jack Wiseman, *The Growth of Public Expenditure in the United Kingdom*，日本は林健久・今井勝人編『日本財政要覧（第 4 版）』による。国は一般会計決算，地方は普通会計決算値。

[4]　集中過程について，Peacock and Wiseman (1961), chapter 6. を参照。

担当していた。教員の給与を国が補助して授業料を無料にする体制ができ，小学校教育の普及率が上昇し，日露戦後から第一次大戦にかけての義務教育費の膨張はめざましかった。地方支出は 1927 年にピークに達して以来，不況と共に漸減したが，1932 年以降，高橋財政のもとでの時局匡救事業をきっかけに再び増加した。太平洋戦争末期には地方財政のウェイトは内容的にはゼロに等しいまでになった。第二次大戦後は内務省が解体され，シャウプ勧告によって，地方の財政的自治権が拡充された。

1-3　中央と地方の経費の分担関係

　なぜ日本では「集中過程」は特有なかたちで表れたのであろうか。資本主義確立期のイギリスでは，中央財政府が「安価な政府」を実現すべく国民経済における経費の地位を低下させていく一方で，救貧，教育，衛生などの社会費や社会資本の整備などの新しい経費の多くはむしろ地方政府の負担となった。そうした傾向は第一次大戦以後も続いた。

　しかし全政府支出中での地方の地位を検討してみると，こうした傾向のうちに実は全く別の様相がかくされていた[5]。イギリスでは地方支出全体は全政府支出の 40％から 25％へと低下してきたが，その場合，かつては地方の手によって全政府支出の 70％以上支出されていた社会費が，第一次大戦を契機に40％，第二次大戦をさらにもう一つの契機にして，以降 20～30％へと下がってしまった。最大項目の社会費が中央の手に移っていったことが中央対地方の関係で見て，前者への支出集中を決定的にした[6]。1950 年代には重要な救済事業（失業，医療及び老齢年金，公的医療）は中央政府ないしその出先機関に吸い上げられたし，院外救済さえも 1948 年には地方政府の手を離れて中央政府の責任になった[7]。

　第一次大戦も大恐慌も，日本では，財政の大きさの点でも支出内容の点でも

---

5)　*Ibid.*, p.114.

6)　イギリスにおける集中過程について，林（1992）補論 1 が詳しい。

7)　*Ibid.*, pp. 111-112.

不連続的な変化の画期にはならず「転位効果」はない。しかし第二次大戦はそうではなく，軍事費比率の大幅低下と社会費（社会保障，教育，恩給）比率の大幅増加というかたちで支出構成が変化する画期となった[8]。地方財政では戦前と戦後で中央財政のような急変はなく，全体として教育費・土木費が常に上位を占めるという構成は続いている。もっとも，1930 年代以降社会及び労働施設費，産業経済費が上昇しているように，積極的な社会行政や中小企業や農業などの弱小部門の勧業において地方政府の役割は拡大している。

　しかし日本では福祉国家化に伴って，その中核をなす業務が上級政府に吸い上げられることはなく，市町村なり都道府県なりがほとんどすべての内政分野を担当している。表 1-2 は日本の国・地方の経費分担を見たものである。軍事，外交のほとんど 100％近くが，中央政府の経費であることは両国も同じである。しかし社会費関係のおける地方支出のウェイトは著しく高く，また警察，政府機関もまた同様である[9]。これは第二次大戦後の内務省解体と地方自治の発展を表している。所得再分配機能の一端を日本では地方政府が担っているともい

表 1-2　全政府支出に占める地方支出の割合

(%)

	行政	警察消防	公債費	防衛	社会保障	教育	土木	産業経済
1910	35.8	68.0	15.0	0.0	87.1	98.3	86.0	15.5
1920	40.8	72.0	32.8	0.0	97.2	99.1	80.1	19.8
1930	40.8	80.6	60.9	0.0	97.8	90.3	86.1	21.1
1940	41.7	82.0	35.0	0.0	73.3	90.7	79.8	35.6
1950	53.8	80.6	16.0	0.0	64.5	66.8	55.8	36.4
1960	71.5	74.0	80.4	0.0	56.7	86.8	65.6	58.3

（注 1)　行政は国の国家機関費（府県俸給費含む），地方の議会費，庁費，総務費の合計。警察消防は国の警察費連帯支弁費と地方の警察消防，公債費は国の国債費，地方の公債費の合計。防衛は国の防衛関係費。社会保障は国の社会保障，恩給，地方の社会及び労働施設費，保健の合計。教育は国と地方の教育費の合計。土木は国の国土開発及び保全と地方の土木の合計。産業経済は国と地方の産業経済費の合計。
（注 2)　国から地方への補助金・交付税は除く。
（出所)　林健久・今井勝人編，『日本財政要覧　第 4 版』，58-67 ページより計算。

---

8)　日本における福祉国家財政の成立について林（1992），126-127 ページを参照。
9)　表 1-2 における戦前の地方団体の警察費支出は事実上，国家行政機関費というべきものであり，留意が必要である。詳しくは内閣調査局（1936）を参照。

える。

1-4　国税の肥大化と地方税の後退

　財政力の弱い地方政府でも社会費などの業務を担当することが可能なのは中央が強力な財政力均衡化政策をとっているからであり，中央政府は自ら消費するよりはるかに多くの弾力的な税収を所得税・法人税から徴収し，それを地方への再分配に充てうるからである。日本では「集中過程」が起こっていないのではなく税の中央集中は世界の流れに沿って生じているものの，それを地方に再分配することによって歳出の地方分散が生じるという複雑な形をつくりだしている。

　資本主義経済の発展は中央政府にふさわしい税種と税源を生みだす。まず全国的に取引されるような商品の課税（消費税・流通税），国際的な市場をもつ商品の課税（関税），その所得が必ずしも地域的に限定されない，多様な源泉から生じる所得を総合的に捉えようとする所得税，各地域に支店や工場をもち，かつ地域間の移動が自在であるような資本主義的企業に対する課税（法人税）などは全国的な徴税機構をもち，課税の客体をあらゆる角度から捉え，これを統一的に評価し，統一的に課税しうる中央政府の税種に最もふさわしい。

　他方で地方税は歴史的に見れば土地，家屋，中小営業などの不動産課税，あるいは国税による捕捉が課税技術的に困難な地方的な零細な税源を捉える租税によって形成された。とくに不動産課税は古くからイギリス，アメリカ，フランス，また 1920 年代以降のドイツの地方税の中心であって，土地，家屋などの不動産が各地域に定着しているという意味で地方課税に適したものであった。ただ日本だけは後発資本主義国であったという事情から，地租が長い間，重要な中央政府の税源であり，不動産課税が地方税として限界をもち始めた頃になって地方に移譲されるという一見，歴史に逆行するようなコースを辿っている。日本の租税負担と租税構成の変遷をまとめた表 1-3 によって，国税と地方税の区分の問題を統計的に検証しよう。

　1927 年の租税構造は大正期における資本主義の飛躍的な発展にもかかわらず，

表 1-3　租税負担と租税構造

(国税・地方税総額に占める税目の割合，%)

	1927 (昭和 2)	1941 (昭和 16)	1950 (昭和 25)	1954 (昭和 29)
国税・地方税総額 A	1,767,941	5,633,244	737,041	1,295,120
国民所得 B	13,097	38,695	36,830	65,917
租税負担率 A/B	13.5	14.6	20.0	19.6
地方税の租税総額に占める割合	34.8	12.8	22.7	27.8
1.　所得課税	27.2	59.6	52.7	51.1
所 得 税	14.5	24.9	29.8	22.1
法人税・営業収益税	5.3	9.4	11.4	15.5
事業税・営業税	1.2	5.5	5.2	6.4
戸数割・住民税	5.3	1.3	6.3	7.1
そ の 他	0.9	18.5	0	0
2.　財産課税	26.5	7.4	8.5	9.5
相 続 税	1.2	1.1	0.4	0.3
地租・家屋税・固定資産税	15.5	4.5	6.5	7.7
そ の 他	9.8	1.8	1.6	1.5
3.　消費課税	38.6	27.7	37.7	36.6
関 　 税	7.9	1.6	0.2	1.9
酒 　 税	13.7	6.4	14.3	11.7
専売益金	9.8	7.3	15.5	9.7
そ の 他	7.2	12.4	7.1	13.3
4.　流通課税	7.7	5.3	1.7	2.8

(出所)　大蔵省『財政金融統計月報（租税特集）』110 号，昭和 35 年，55-61 ページ。戦前の国民
　　　所得は生産国民所得（大川推計），1948 年以降は日本銀行統計局（1966）『明治以降本邦主
　　　要経済統計』。

伝統的な性格を脱しきっていない。何よりも地租・営業税という古い財産課税
が第一位を占めている。しかも地租はなお国税である。所得税はこれにつぐウェ
イトをもっているが，消費課税の系統と比べるとはるかに低い。さらに法人所
得税は個人所得税と分離しておらず，営業収益税という形態が存在しているだ
けであった。

　1940（昭和 15）年の中央・地方を通じる税制改革はこの伝統的な租税構造を
一挙に変革する。それはまず軍事費の膨張に応ずる改革である。地租，家屋税
などの古い財産課税は急減し，所得税のウェイトは飛躍的に上昇する。それは
地方税の租税総額におけるウェイトが 35％から 12％へと激減していることに
示される。またこれまで第一種所得税として所得税の中に含まれていた法人税

8

は，法人の総益金から総損金を控除した金額に課せられる税として独立する。戸数割，地租，家屋税等の地方税源の激減のために，中央政府から地方分与税をはじめとする税源の補給が拡大された。これらの戦争に応ずる租税構造と中央集権的な財源構成とは基本的には戦後にも伝えられる。

1950年の税制はシャウプ勧告にもとづく税制改革の結果を反映している。シャウプ勧告は戦後における政府経費の水準を受け入れたうえで，それに対応すべく所得税では総合合算課税（譲渡所得，利子・配当所得を含む）と最高税率引下げ，富裕税の創設を提案した。

地方税については国・府県・市町村の税源分離を主張して，従来の事業税に代わって，企業の付加価値に対する付加価値税を導入しようとしたこと，固定資産税の中に地租，家屋税以外に償却可能な固定資産（工場，機械等）の課税を加えて，古い不動産課税の体質改善を図ったことが注目される。このため地方税の比率が1940年に12％へと大幅に減少した後，「シャウプ勧告」を経た1954年には28％へと上昇している。

2. 税源分布の地域的不均衡

2-1 財政需要の画一化と財政力の不均等

こうして日本では「集中過程」が起こっていないのではなく，税の中央集中は世界の流れに沿って生じていることが示されたが，地方の経費膨張に比べて地方税が不足する事態は都市地域ではなく農村や後進地帯ではっきりと表れた。その原因は財政需要に画一化の傾向がある一方で，財政力が地域的に不均等であり，両者の間にギャップがあることに起因するものであり，後者については資本主義経済の発展に伴い富の都市集中がすすんで税源が都市地域に豊富に，地方農村漁村では枯渇するに至った点に求められる[10]。起点となったのは，いわゆる昭和恐慌で農村の不況が未曾有の激しさを示し，都市以外の地方は概し

---

10) 所得と富は都市地域に集中していたが，大都市財政は都市地域から収納される地方税が府県税として吸い上げられることに抵抗し，特別市制の実現を図ろうとした。この点，持田（1993）5章を参照。

表 1-4　地方支出に占める国政事務費

(昭和 9 = 1934 年度, 千円)

	道府県		市町村		計	
	金額	比率(%)	金額	比率(%)	金額	比率(%)
国政事務費	440,940	73.8	547,431	42.1	988,371	52.1
上記の内, 国政事務費としての性質を特に濃厚に帯びるもの	195,890	32.8	306,167	23.5	502,057	26.5
国庫一般会計より受取る補助金	69,797		132,762		202,560 *外 (2,013)	

(注 1) 国政事務とは委任事務費, 費用負担及び吏員に対する委任事務費をさす。
(注 2) 金額は昭和 9 年当初予算額による。
(注 3) ＊外として示した数字は道府県・市町村に区分できないもの。
(出所) 内閣調査局 (1936)『地方財政改善ニ関スル内閣審議会中間報告』。

て税源は貧弱でかつ税外収入も乏しく, したがって税源に対する賦課率は不均等に重くなったことだった。

　財政需要が画一的かつ経年的に増高してきたことは表 1-4 によって見ることができる。地域差というものはむろん明治初年の時からの問題であるが, 地方団体の仕事は協議費で持ち寄りという分相応の思想が支配していたため, それほどの問題にはならなかった。しかし日清・日露戦争をきっかけとして, 地方経費の多くの部分が国の委任にもとづく国政事務の処理のために支出されるようになった。表 1-4 は 1935 年に設置された内閣審議会の中間報告に示された数字である[11], 1934 年の地方歳出について国政委任事務とみなされるものを推計したものである。

　これによれば同年度地方歳出総額の 52％強は国政的事務に関する支出であり, 国政的事務の性質がとくに濃厚なものだけをとっても, なおかつ 26.5％を占めている。地方支出のきわめて多くの部分が, 国の委任にもとづく国政的事務の処理のために支出されていることは疑問の余地がない。藤谷謙二は財政需要の画一性は決して昭和初年にはじめて現れたものではなく「日本の地方財政制度成立以来のいわば本来的な性格」と指摘している[12]。

11)　『地方財政改善ニ関スル内閣審議会中間報告』の内容は内閣調査局 (1936) による。
12)　戦前の地方財政について多くの研究があるが藤谷 (1944) が興味深い。

10

　こうした需要の画一化と財政力の跛行的発展の結果として，自治事務の遂行が困難になるのはいうまでもなく，国政事務の遂行にさえ満足な結果を出すことができないだけではなく，担税力にそぐわない過重な負担を強いる団体が多数生まれた。表 1-5 は直接国税に対する地方税の割合を代表的な道府県について比較したものである。東京をはじめとする上位 4 県では 0.7 から 2 前後であるが，下位 4 県では地方税は国税の 4 倍から 10 倍近い負担水準に達している。直接国税の課税標準は統一されているので，担税力の代理的指標とみなしうる。表 1-5 は農村漁村における地方税負担の過重を物語る[13]。

　むろん国政的事務の比重が大であるということはそれ自身としては苦慮するに足りない。中間報告の「地方費中国政事務費状況調」に付記された数字，すなわち「国庫一般会計から受くる補助費」の金額によると，地方団体が支出する国政事務費の支払い財源に充てるべく国庫から与えられる補助金の割合は，道府県市町村を通じて 21% 弱にすぎず，残りはあげて地方固有財源より支払

表 1-5　直接国税に対する地方税の割合

（千円）

	(A) 直接国税	一人当たり	(B) 地方税	B/A 割合
上位 4 県				
東京	78,056	13.5	59,689	0.8
大阪	38,854	10.4	40,104	1.0
兵庫	20,192	7.4	33,003	1.6
京都	8,964	5.5	185,543	2.1
下位 4 県				
長野	3,157	1.8	14,580	4.6
青森	1,457	1.6	6,962	4.8
徳島	1,212	1.6	7,000	5.8
沖縄	217	0.3	2,070	9.5

（注）直接国税は所得税，地租，営業収益税，相続税等。地方税は道府県税，市町村税の計。
（出所）大蔵省「主税局統計年報」昭和 8 年，内務省「地方財政概要」昭和 9 年。

---

13)　尋常小学校教員の俸給は明治初年の学制制定以来，市町村費支弁であったが，市町村の財源が逼迫するにつれて，小学校教員俸給の未払いや甚だしい場合には小学校教員に対して寄附を強要することが問題となった。

う外はなかった。このように地方費の中には国政事務が圧倒的な部分を占め，しかも国庫から地方団体に支出される補助が過小である事実について内務官僚・田中廣太郎は「國費負担過重の現象」と命名した[14]。

2-2　地方独立税による歳入不足の補完

　地方税負担の地域的な不均衡が顕著になった第2の要因は，国・地方の負担区分の見直しや抜本的税制整理を実施しないまま，地方団体は国から委任された国政事務費に応じるため地方税の増徴を図ったことにある。

　明治維新からおよそ30年も経たところで義務教育の普及をすすめると同時に教員の給与を国が補助して授業料を無料にする体制ができ，小学校教育の普及率は100%に近くなった。とくに日露戦後から第一次大戦にかけての義務教育費の膨張はめざましかった。しかし戦費調達のため国税付加税への課税制限が厳重となり，戦後も「地方税制限に関する法律」（1908年3月）により恒久化され国税が優先されたから，地方団体は歳入が足りなくなった。

　地方団体はこのような制約をこえて歳入不足のはけ口を国税付加税以外に求めた。当時，地方の独立税である戸数割は配賦課税で課税され，府県の独立税であった家屋税も戸数割の代替税として創設されたため，配賦課税としての性格を残していた[15]。配賦課税とは歳入不足額を納税者に割り当てる課税方法である。戸数割は賦課方法について府県の裁量にゆだねられており，所謂「見立割」に依ったため公平さに欠けた乱徴を招いた。

　所得税とほぼ同額の戸数割を整理するには抜本的税制整理が必要であって，事実，1920年に設置された臨時財政経済調査会も所得税の補完税として財産税を創設し，これによって地租・営業税を全額地方に委譲する案を答申した。しかし経済界から財産税創設反対論が表明され，また1920年代には軍備拡張一点張りだった日本で軍縮が行われ平和的な雰囲気が存在していたため，増税

---

14)　国費・地方費の負担区分問題をめぐる論争について藤谷（1944）6章を参照。
15)　「配賦課税」という用語について神野（1993）224ページを参照。

を許容する気分が国民の間にみなぎっていなかった[16]。10 年間の係争を経て両税委譲もろとも戸数割の整理は頓挫した。

これに代わって 1926 年に地方税整理が行われ，府県と市町村間の税源移譲や独立税制度の整備がなされたが，弥縫的な整理に終わった。この地方税整理によって，府県戸数割が廃止された代わりに市町村戸数割が創設され，減税分を補うために府県税としての家屋税が創設された。そして家屋税を創設することで府県税戸数割廃止の補填財源とすることになったが，所得税付加税の多寡に対して調整手段も講ぜられなかったため，家屋税は配賦課税の役割を帯びることになった。

要するに地方財政困窮の直接的原因は不況下での農家経済が疲弊，国政事務の圧迫にあったが，当時の地方財政はイギリスのかつてのレート（Rates）制度のように，要るだけは割りかけて取るのだという配賦課税を調節弁にしていたため，立ち行かない町村が目立つようになった。三好重夫の表現を使うならば，「当時地方団体が自己の区域内の税源に対してのみ課税できるという税制」であった[17]。

明治・大正・昭和初期の地方財政は，地方団体は国から委任された国政事務費に応じるために地方税の増徴で歳入不足を補完する〈地域負担不均衡〉システムだということができる。それは直接税において地方税は国税より多額を占め，国税地方税を合わせた直接税総額の 6 割 5 分が地方税に属していたことに端的に表れている[18]。しかし，このシステムは「国家ノ中堅」である地主・自作農の「中以下ノ階級ノ負担ヲ過重」をもたらすがゆえに，政治的な問題になっていく。

2-3　両税委譲と義務教育費国庫負担

国政事務の過重と地方税負担の不均衡の解決法として，大正末・昭和初期に

16）　ワシントン体制と軍縮について中村（2015）318-339 ページを参照。
17）　直接課徴と間接課徴という区別について，三好（1937）を参照。
18）　地方税負担の実態について持田（1993），神野（1993），内閣調査局（1936）を参照。

注目を集めていたのは両税移譲と義務教育費国庫負担の増額であった。今日，固定資産税と事業税は地方税であるが，1940 年には還付税（形式上，国税として徴収して徴収地に還付）であり，さらにその前は地租および営業収益税は国税であった。両税移譲とは，地租（現在の固定資産税），営業税（現在の事業税）を国から地方へ移管すべしという構想で，地方自治の歴史を研究する金澤史男は 1920 年に内務省の諮問機関である臨時財政経済調査会がドイツのミーケル改革に範をとって提言したと指摘する[19]。

　昭和初期には日本最初の本格的政党内閣を組織した政党である立憲政友会の看板として唱えられた。田中義一内閣の 1929 年，政友会・実業同志会との政策協定案が帝国議会に提出され衆議院で通過したが，憲政会の反対もあり，貴族院で審議未了となった。両税移譲の思想はその後，広田内閣の馬場・潮税制改革案において還付税方式によって実質的に取り込まれていく。

　一方で昭和初期に政友会と交代で政権を担った民政党側は，義務教育費の国庫負担増額金を掲げて，地方財政の窮乏を救おうと。義務教育費下渡金の一部を貧弱町村に手厚く配分するという制度は 1923（大正 12）年以降，運用されていた。この制度には地方財政調整制度の萌芽が見られるという研究者の指摘もあったが，当時，内務官僚の三好重夫や永安百治はそのようには考えていなかった。

3．地方財政調整制度の成立

3-1　必要最低基準と財政調整制度

　農村は税源に乏しく，画一化された経費の圧力に押されて地方財政は逼迫したが，この問題を解決し，地方行政の必要最低基準を維持するために広く利用されているのが財政調整制度である[20]。日本の補助金制度は明治以来，長い歴史をもっているが，その弊害が深刻になりこれの改革が問題になったのは，昭

19)　金澤（2010）は両税委譲が挫折した過程を臨時財政経済調査会の議事録を用いて再検討している。大正デモクラシーの財政要求について宮本（2005）を参照。
20)　地方財政調整制度の意義や国際的動向について持田（2004）を参照。

14

和恐慌（1929-31年）によって地域経済の不均等が顕著になった時期だった。岡田内閣による諮問に応えて1935年に，地方財政改善に関する「内閣審議会報告」が提出されている[21]。改革案の主要なねらいは（イ）国費・地方費の負担区分を国と地方との税源区分に照応させるように再検討する，（ロ）税源分布の地域的不均衡を是正するため中央地方を通ずる税制改革を行う，（ハ）地方団体に対する各種補助金を整理する，（ニ）教育，産業その他各般の行政施設の画一化を改めること等であった。

敗戦によって内務省が解体され，財政的な中央集権も部分的に改革されたが[22]，行財政の中央集権はそのまま存続した。1949（昭和24）年のシャウプ勧告によって全面的に改革されようとした。シャウプの地方財政改革案の中には戦前（昭和10年）の内閣審議会の改革案の骨子が（イ）（ロ）（ハ）（ニ）とも全部含められていた[23]。勧告によって実施されたものは（イ）のうち国と地方の財源区分を明確にすることだった。付加税制を改め，府県と市町村段階に，それぞれ独立税を中心とする税制を設けた。（ロ）については地方財政平衡交付金を設けて地方税源の不均等を是正しようとした。戦時から戦後にかけて地方分与税や配付税のかたちで部分的になされていたものである。（ハ）の補助金はいくつかの形態は例外として全部廃止されることとなった。

しかしシャウプの改革から脱落した重要な問題があった。それは（イ）国費と地方費との負担区分の問題である。これは「行政事務の再配分」とよばれ，具体的な改革案は地方行政調査委員会の勧告に移された。この勧告は地方自治の中核には日常住民に接触している市町村をおき，3つの行政機関に対してそれぞれ独立した行政事務を配分するということを骨子としていた。ところで国費と地方費の負担区分が明確にならないとするとすでに与えられた独立税も無意味になり，地方の独立財源と事実上の地方の負担（経費）との間の不均衡が発生する。さらに「二重責任説」にもとづく補助金制度は再び復活することに

---

21) 地方財政改革案について内閣調査局（1936）を参照。
22) 1947年に地租，家屋税，営業税が国から府県に委譲された。
23) 内閣審議会報告とシャウプ勧告の関係について島（1963）280ページを参照。

表 1-6　国・地方間の租税収入配分

	A 国税	B 地方	C 税地方譲与税	D 地方交付税	E A−(C+D)	F B+(C+D)	E/E+F	F/E+F
1910	317	170	0	0	317	170	0.65	0.35
1920	696	573	0	0	696	573	0.55	0.45
1930	835	612	0	0	835	612	0.58	0.42
1940	3,653	783	0	351	3,302	1,134	0.74	0.26
1950	447,185	188,281	0	108,451	338,734	296,732	0.53	0.47

（注）1940 年の地方交付税は地方分与税，1950 年は地方財政平衡交付金。
（出所）林健久・今井勝人編（1994）『日本財政要覧（第 4 版）』第 3 部，表 10，22，23 より。

なった。

　地方財政の収入構造には明治以来の最大の変化が生まれた。表 1-6 は国・地方間の租税収入の配分をみたものである。地方税の割合は明治末に 35％を占め，大正デモクラシーの時代には 45％に達していたが，次第に低下して第 2 次大戦期にはわずか 17％まで下がった。大戦後は 30％前後に回復しているものの戦前のピークには戻っていない。これを埋め合わせているのが「間接課徴形態の地方税」である地方交付税，地方譲与税である。表が示すように，地方交付税と地方譲与税は 1940 年前には未だ重要性が乏しかったり，存在していなかったりしたものである。

3-2　所得税中心主義と国税・地方税の分離

　地方財政調整という考え方は外国から「輸入」された理論一辺倒ではなく，昭和恐慌下の地方財政の実態を踏まえた構想であった。地方団体の窮乏を岩手県庶務課長として観察した三好重夫は，内務省に戻った 1931 年 7 月「財政調整交付金制度の提唱」を発表した[24]。財政調整交付金の「理屈」は同僚の内務事務官・永安百治によって具体化され，財務課長・大村清一を通じて政党に流布された。1932 年 8 月「地方財政調整交付金制度要綱」が発表されたが，大蔵大臣の高橋是清が増税嫌いであったため，審議未了になった。だが 2.26 事

24）　財政調整交付金制度について三好（1931）を参照。

件で高橋が暗殺されて岡田内閣が倒れると事態は一変する。

　国運を賭しているという軍国主義的な気分が国民の間にみなぎっている時代には，税負担の面から税制改革に対するブレーキはかからない。2.26事件によって陸軍の政治的主張を抑制する力が失われた後，広田弘毅内閣が組閣され，いわゆる馬場・潮税制改革案が登場したが，内閣の退陣とともに流産した[25]。馬場財政では軍拡型財政であったが，税制改正の目標はどちらかというと増税よりも地方税負担の均衡化であった。1940年の中央・地方を通じる税制改正は日中戦争の長期化を反映して，収入の増加と弾力的な税制の確立に主眼がおかれた。

　高橋是清が大蔵大臣を務めて景気回復に成功した「高橋財政」は非増税の方針で「健全財政」であったが，馬場財政の頃から国民の所得を再配分して，総力戦に必要な部門に資源配分するという介入主義的な財政運営に転換した。そのために馬場税制改革は，所得を総合的に合算して，累進税率をかける所得税中心の税体系へ転換し，これを補完するものとして財産税の創設を掲げた。景気変動や兵役による所得税納税者の減少を代替するべく売上税の創設も改革案に盛り込まれている。

　弾力的な税制を確立するためには中央と地方の税制を分離しなければならない。地方団体は所得税付加税や戸数割を徴収していたので，戦争で財源がいるので所得税を増税しようとしても，地方の分まで増えるので十分な増税ができない。戸数割は一種の所得税の付加税であるが，課税標準の中には見立割があって，財政難のために戸数割を相当高くして濫用する風潮があった。1940年の税制改革は地方団体の有力な税目であった戸数割と所得税付加税を廃止して，これらを中央政府の総合所得税に統合し，弾力的な税制を確立した。

　しかし一朝有事の際に，国と地方の間に反目があるようでは駄目であり，地方にも安心感を与えて国論統一を図らなければ戦争に勝てないという考え方が当時，相当あった。農村は国の基盤であり，徴兵制度は農村が基盤になってい

---

25)　馬場税制改革案については松隈秀雄の回顧として内政史研究会（1971）および荻田（1984）を参照。財政史上の意義については神野（1993）を参照。

るので極端に農村を疲弊させてはいけないけれども，かといって課税標準を統一しないまま地租，営業税を地方へ委譲しても偏在性が高まるだけだった。この二律背反的状況を打開するには，所得税を地方の紐付きからいったんは切り離すけれども，国が地方に代わって徴収したのちに地方分与税制度を通じて地方に再配分するという「間接課徴形態の地方税」で解決するより外なかった[26]。

3-3　間接課徴形態の地方税

「間接課徴形態の地方税」といっても徴収地原則を度外視するわけではない。国税の一定部分，すなわち地租，営業収益税，国税移管後の家屋税は国が統一した課税標準のもとに課税したのちに，「還付税」として徴収地の府県・市町村にすべて戻す。これによって中央税制は人税本位，地方税制は物税本位という分離が行われる。しかし，国税のうち所得税収の約 2 割と資本利子税については全国的にプールしておいて[27]，徴収地原則ではなくて財政需要に比例的，財政力に逆比例する「配付税」として再配分する。

還付税は大正デモクラシー運動の要求であった両税委譲の事実上の実現という歴史的意義をもつ。他方，配付税は日本で最初の本格的財政調整制度と位置付けられるものであって，地方交付税にその思想の一部は継承されている。地方財政調整制度としては，内務省案や臨時地方財政補給金等が存在していた。これらは規模も小さく恒久的財源をもたないうえに，もっぱら窮乏団体の税負担軽減を目的とする減税補給金的な性格をもつ。配付税には特定の国税の一定割合を財政調整の財源にリンクさせるタックス・シェアリングという特質があり，それ以前の構想とは一線を画している[28]。

もっとも配付税は，配分基準として総額を人口に正比例して，課税力に逆比

---

26)　地方財政調整制度の歴史的な変遷について持田（1993）第 5 章を参照。
27)　所得税，法人税の前々年度徴収額の 17.38％，入場税，遊興飲食税の前々年度徴収額の 50％を配付税総額とした。大蔵省昭和財政史室（1954）365-379 ページによる。
28)　分与税については三好（1939）55-70 ページを参照。

例して按分する方式を採用していることからわかるように，地方団体の財源の凸凹を調整することを目的にしている。シャウプ勧告の地方財政平衡交付金に見られるような最低限の標準的財政需要を確保するという財源保障の考え方は配付税にはない。税制改革そのものではないが，1940年には国費・地方費の負担区分が確立された。国が地方に委任して行わせる行政については，行政の利益が国と地方に及ぼす度合いに応じて，国の負担割合を定め，これを補助金として交付することになった。国の負担割合は義務教育費については2分の1，警察費については10分の3.5となった。市町村費支弁であった市町村立尋常小学校教員俸給費は道府県支弁に移管された。

　明治・大正の地方財政と戦時の地方財政との間には断絶があり，むしろ後者と戦後の地方財政には一定の連続性がある。前者は，地方団体は国から委任された国政事務費に応じるために地方税の増徴で歳入不足を補完する〈地域負担不均衡〉システムといえる。負担の地域的不均衡という問題は1940年税制改正を画期に，地方団体毎の財源の凸凹を調整する仕組みである配付税が登場したことによって概ね解決することとなる。「非常に重い負担でろくろく仕事もできないという団体を，普通の程度に仕事ができて，しかもその負担は普通の程度」[29]に均すという〈財源調整〉システムが誕生した。

4. 集権的財政構造とシャウプ勧告の歴史的意義

4-1　戦中と戦後の間

　ポツダム宣言の中にある「民主主義的傾向の復活強化」に沿って，1946年に知事公選が実現し，47年には内務省が解体されたものの，地方財政の運営は混乱の極みにあった。戦時期に成立した中央集権的な財政構造もそのまま存続した。これを改革するべく1949年5月10日，コロンビア大学のシャウプ（Carl, Shoup）博士を団長とする使節団が来日して，同年9月15日「日本税制報告書」（いわゆる「シャウプ勧告」）が公表された。

---

29)　三好重夫による財源調整の発想について伊藤監修（2001）331ページを参照。

表 1-7　地方普通会計の歳入歳出

(構成比，%)

	1935 年	1950 年	1955 年
歳　出　内　訳			
議　会・庁　費	6.6	15.1	14.2
警　察・消　防　費	4.2	6.2	6.4
土　　木　　費	16.4	18.0	12.3
教　　育　　費	21.6	26.0	27.6
社会及び労働施設費	2.0	10.5	10.9
保　健　衛　生　費	2.8	3.3	2.8
産　業　経　済　費	8.8	11.5	10.5
公　　債　　費	29.6	2.1	4.7
そ　　の　　他	7.6	7.2	10.0
合　　　　計	100	100	100
歳　入　内　訳			
地　　方　　税	27.0	34.5	33.9
譲　　与　　税	—	—	1.9
地　方　交　付　税	—	19.9	14.2
国　庫　支　出　金	12.4	20.9	24.9
地　　方　　債	28.6	6.0	8.6
繰　　越　　金	12.7	4.6	1.8
そ　　の　　他	19.1	14.1	14.3
合　　　　計	100	100	100

　(注) 1950 年の地方交付税は平衡交付金。
　(出所) 大蔵省財政史室『昭和財政史―終戦から講和まで―』第 19 巻統
　　　　計，380-381 ページ。

　1940 年税制改革から終戦をはさんで 1955 年に至る間の推移を概観して，シャ
ウプ勧告の影響を掴んでおこう。表 1-7 によれば，地方財政歳出は 1955 年に
1 兆 1761 億円となって，1950 年度の 5225 億円の実に 2.25 倍に達した。戦後
における地方行政領域の拡大と行政機構の複雑化に加えて，前半における激し
いインフレーションに由来するものであるが，全体として教育費・土木費が常
に上位を占め，社会及び労働施設費，産業経済費，警察消防費がこれに続いて
いる。この構成は 1935 年の時点とほとんど変わりない。
　多少詳しく見れば，戦後の制度改正に結びついた興味深い変化が看取できる。
1950 年には六・三制実施以降の教育費の比重は 26％と上昇しているし，産業
経済費は農地改革や食糧増産・供出の強行を反映して高まり（11.5％），生活保
護や失業対策・職業安定などの拡充が，社会及び労働施設費を飛躍的に増大さ

せ（10.5％），自治体警察・消防の充実が警察・消防費の膨張（6.2％）をもたらすという具合である。逆に大幅に低めたものが公債費であるが，戦前と戦後を分かつ経費面での最大の変化だった。

　一方で地方税制度の変化は明治以来の地方財政史上最大のものであり，税目そのものの新設や改廃が目立つ。それぞれの相対的な地位も大きく動いた。地方税の比率は1935年の27.0％から，終戦直後に大幅に減少した後，「シャウプ勧告」を経た1955年には33.9％へと戦前の水準を大きく上回っている。「シャウプ勧告」前には都道府県税が市町村税を超えて増大しているのに対して，「勧告」を境にして後者が優位を占めるようになった。前者は，還付税制度の廃止や国税の地方移譲が主として府県税の強化をもたらした結果であり，後者は市町村を重視した「シャウプ勧告」の結果である。それはとくに住民税と固定資産税が全面的に市町村の収入となったことによっている。

　地方税強化と並んで，補助金の縮小と平衡交付金の創設が「シャウプ勧告」の主要な施策となっている。前節でみた地方分与税は1950年に廃止されて平衡交付金として生まれ変わった。しかし，国庫支出金は絶対額では増加していることはいうまでもなく，収入中の比率も1935年12.7％，1950年20.9％，1955年24.9％と増大している。補助金は「シャウプ勧告」が力説している割には縮小されておらず，総じて補助金整理は不徹底であった。

　総司令部（GHQ）ないし「シャウプ勧告」によって行われた地方税・財政制度の改革は戦時に成立した中央集権的な財政構造を改革しようとしたが，ある部分は根付き，また他のある部分はなお十分に定着していない。改革そのものが日本の現実から遊離していたという面もあるが，日本内部に改革の推進を求める動きと修正を必要と判断するものが拮抗したためでもある。

4-2　ドッジ・プランの副産物

　間接統治のもとでアメリカは，最初は日本を厳しく罰し，非軍事化と民主化をするが経済復興は日本人の責任という姿勢をとっていたが，「冷戦の激化」を背景として，日本経済の復興へと占領政策の目標が転換していく。1949年

に経済九原則の一環として「骨の髄まで自由経済論者」といわれるデトロイト
銀行頭取のドッジ（Joseph, Dodge）がトルーマン大統領の特命で来日し，特別
会計も含めた中央政府全体の予算を均衡させようとする「総予算の真の均衡」
が実施された。国家統制から自由経済に復帰するには，1ドル＝360円の為替
レートのもとでの国際競争に耐える合理化が必要となった[30]。

　国から地方へのトランスファーも「総予算の真の均衡」の例外ではなく，容
赦なく削減されてしまう。配付税の総額は当時，今の地方交付税と同じように，
国税の所得税と法人税の100分の33.14％であった。ところが中央政府の予算
では他の費目が削減される中，配付税だけが名目的に突出して伸びたため，日
本国内の反対を押し切って，司令部は配付税率を16.29％へと半分にしてしまっ
た。六・三制実施，自治体警察創設及びインフレによる人件費増で経費が膨張
する中，ようやくインフレが収まって経済も安定した時に，逆に歳入の柱であ
る配付税が削られたことは地方財政にとって「命取り」になった。地方財政史
では1956年までを「混乱の時代」と区分することが多いが，きっかけはドッジ・
プランである。

　しかしドッジ・プランは後世の地方財政に影響を及ぼす意図せざる副産物を
生んだ。総司令部は，予算作成資料として地方団体全体の収支見込みを日本側
に求めたが，このとき初めて「地方財政計画」という概念が登場した。今の地
方財政計画は交付税法7条に根拠をもち，毎年国会に提出されているが，これ
がそのルーツである。戦前には地方団体全体の予算が来年どうなるかというこ
とを政府が見積りを立てて，足りるとか足りないとかはいわない。たまたま司
令部は配付税の根拠となる収支見込みを日本政府に求めた。このとき初めて政
府は地方団体全体の財政収支の見込みを作らざるを得なくなった[31]。「地方財
政計画」は平衡交付金や地方交付税に継承されていく。

---

30)　対日占領政策の転換について中村（1986）189-200ページを参照。
31)　ドッジ・プランの地方財政への影響について荻田（1984）187ページを参照。

4-3　国と地方の税源区分の明確化

　地方配付税から現在の地方交付税創設に至る地方財政調整制度の歴史の中で，その中間に位置するシャウプ勧告の地方財政平衡交付金の構想は異彩をはなっている。その経済的・財政的機能のゆえではなく，その制度が前提としている地方自治のゆえである。戦前において府県は国の出先機関であり，知事以下の地方官の俸給や警察費連帯支弁費は内務省所管経費であった。シャウプ勧告は「地方団体は民主的生活様式に潜在的に貢献」すると指摘して地方自治強化を謳いつつ，国と都道府県と市町村を同格のものとした。自治体警察もつくった。その行政に要する経費は自ら徴収する税金で負担すべきであり，「地方の独特な必要と問題をよく知っている小さな単位」すなわち市町村の税目を充実すべきというのがシャウプ勧告の精神で日本にはなかったものだ。

　まず戦前（昭和 10 年）の内閣審議会の改革案の骨子の（イ）のうち，国と地方との財源区分を明確にすることがシャウプ勧告で実施された。勧告は，「国と都道府県と市町村の間には税源の分離」があるべきとし，都道府県にあっては事業税を付加価値税に切り替えて独立の財源とすること，市町村にあっては住民税と固定資産税を配し，いずれの場合も国税改正の結果に影響を受けることのない独立税として割り当てるべきとしたのである。

　勧告の基本原則に則る改正はわが国地方税制度以来の画期的なものであるが，国税において税負担が軽減される一方で地方税の増税が企図され，新税の付加価値税，固定資産税は急激な負担の変化を惹起することが予想されたので，経済団体からの疑義が強かった[32]。勧告の全面実施を求める司令部に対して，1950 年 3 月 18 日，吉田首相はマッカーサー宛てに書簡を送り修正を求めたが，マッカーサーは全面実施が「絶対必要（インペラティブ）」とする返書を送り，拒んだ[33]。勧告に沿った「地方税法案」は衆議院を通過したものの，参議院で廃案となり，1950 年 7

32)　付加価値税に対する反応について大蔵省財政史室編（1978）350 ページを参照。

33)　林健久は「総理大臣と最高司令官というトップ・レベルで税法中の税率の折衝が行われる事態は占領中にも他に例のないことであったが，それは「シャウプ勧告」の実施が当時の日本における（中略）最大の政治問題であったことを物語っている」と指摘している。前掲，大蔵省財政史室，367 ページ。

月末の「地方税法案」の成立によって実施をみることになったが，池田＝シャウプ会談の中で2年間の実施延期となった。講和発行後さらに実施が延期されたうえ廃止が決まって陽の目を見るに至らなかった。

4-4　地方財政平衡交付金の創設

つぎに戦前の内閣審議会の改革案の（ロ）については地方財政平衡交付金を設けて，地方税源の不均等を是正しようとした。シャウプ勧告は，地方財政について平衡化操作が必要であると診断したが，従来の地方配付税は廃止して，個別の地方団体毎に地方行政に必要な最低経費と標準税率による地方税予想収入額との差額を計算して，国庫の一般資金（税金）から支出する「平衡交付金」に改めることを勧告した。ここには地方財政をナショナルミニマムにコントロールするという意図が見られるが，しかし平衡交付金はむしろ例外的に貧困な地方団体でも最低限の行政水準を確保して，その上に地方自治を大幅にみとめようとする考え方（税率の変更を通じてサービスの量を変更する自由を与える）の方が強かった。

地方配付税では「地方財政の調整」とか「地方税負担の均衡化」が強調されていたが，平衡交付金では地方自治にもとづいて「地方の税負担と地方行政の質とをほぼ均等化」することが目標になった[34]。シャウプ勧告では「合理的だが最小限度の標準的行政」（同前）をやらなければならない，そのためには配付税の総額が頭から決まるというのではよろしくない，全地方団体について計算した必要額を積み上げ方式で全部足し合わせたものを国の予算に計上せよ，という考え方だった。

しかし，平衡交付金は毎年度，地方団体の代表と財政当局とが交渉して総額を決める積み上げ方式をとったためトラブルが絶えなかった。総額をめぐる争いが続き，1952年から3年連続で地方側が要求した額が値切られ，これがたまって1954年の地方財政の大混乱をもたらす。1954年には，地方財政平衡交付金

---

34)　シャウプ勧告からの引用は大蔵省財政史室編（1978）付属資料による。

は国税の所得税，法人税および酒税の一定割合に財源をリンクする地方交付税へと改組された。この点で地方交付税は平衡交付金の前身たる配付税に逆戻りした。

　もっとも地方交付税には，地方に按分する基準として地方財政平衡交付金の算式が継承されていくので単純な戦前回帰ではない。地方配付税では最初に総額が決まり，人口に比例して，課税力に反比例して按分していた。地方財政平衡交付金では，個々の行政について最低限の標準的財政需要を総計して求め，そこからその団体の徴収しうる税収入を差し引いて，不足額を全額補填する算式であった。

　戦前の内閣審議会の改革案のうち（ハ）の補助金は，重複する事務を国・都道府県・市町村に負担区分を分離することによって，奨励的補助金以外は廃止して，自治体が処理する事務は自治体の一般財源で賄うこととなった。最大の補助金である義務教育費国庫負担金も廃止されたが，1953 年に復活した。

5. むすびにかえて

　明治・大正の地方財政は，地方団体は国から委任された国政事務費に応じるために，地方税の増徴に歳入不足のはけ口を求める〈地域負担不均衡〉システムともいうべき特質をもっていた。地方税負担の地域的不均衡を是正するには所得税中心主義を確立する必要があるが，その推進力は 1920 年代の平時や昭和恐慌時にはなく，結局は第二次大戦中に持ち越された。

　1940 年税制改正を画期に，戸数割が廃止され，かわりに地方団体毎の財源の凸凹を調整する仕組みである配付税が登場したことによって問題は解決した。「非常に重い負担でろくろく仕事もできないという団体を，普通の程度に仕事ができて，しかもその負担は普通の程度」[35]に均すという〈財源調整〉システムが誕生する。明治・大正の地方財政と戦時の地方財政との間には断絶があり，むしろ後者と戦後の地方財政には一定の連続性がある。

---

35)　三好重夫の表現について伊藤監修（2001）331 ページを参照。

しかし，戦後改革やシャウプ勧告が現実から遊離した「あだ花」であり，現代日本の地方財政はすべて戦時期に形成されたとまでいえるかは疑問である。戦時期に形成されたのは，租税を国税＝人税と地方税＝物税にわけたうえで，「地方の固有財源」である配付税を所得税・法人の一定割合として配れば，その財源の範囲内で国から委任された事務を出先機関が適当にやればよいという考え方だった[36]。

シャウプ使節団は，国・都道府県・市町村の行政責任を明確にしたうえで，市町村村税を強化し，特定補助金を整理・廃止し，かつ個々の行政について最低限の標準的財政需要を総計して求め，そこからその団体の徴収しうる税収入を差し引いて，その不足額を全額補塡する平衡交付金を勧告した。これは地方自治にもとづき「地方の税負担と地方行政の質とをほぼ均等化」する〈財源保障〉システムであって，前提となる地方自治の姿がまるで違う。その遺産は一掃されてしまったわけではなく，定着したものも少なくない。

要するに現在の地方財政システムの骨格は，恐慌と戦争という社会的騒乱を背景に 1940 年税制改正で生成した〈財源調整〉システムが，占領という特殊な環境のもとで化学反応を起こしつつ，総司令部の意向で実施されたシャウプ勧告の地方自治にもとづいた〈財源保障〉システムの基本原則を取り込んで，自ら変容を遂げて成立したものだ。シャウプ勧告の「解体」と見えるものは実は 1940 年の中央地方を通じる財政改革によって成立した財政システムへの逆戻りではなく，「あらたな装い」での復帰と評価したい[37]。

シャウプ勧告の影響が濃く，日本への定着の度合いが大きいのはなんといっても地方税である。シャウプ勧告によって地方税は根本的に変容した。現在の地方税体系の骨格をつくったのは勧告だ。地方税の増加はシャウプ勧告が志向した 2 大地方税（住民税と固定資産税）の根本的増加によって達成された。住民税を市町村だけのものにすべきだという勧告は採用されなかった。

他方で，市町村だけが不動産税を，都道府県だけが事業税を各々採用すると

---

36)　配付税の背後にある内務省の意図について荻田（1984）184 ページを参照。
37)　「あらたな装いでの復帰」という表現は持田（1993）244 ページを参照。

いう勧告は，現在の制度に活かされている[38]。もっとも3大地方税のうち2種の根本的変化にもかかわらず，また総税収に対する地方税収の割合の大幅増加にもかかわらず，都道府県と市町村の相互間の相対的重要性はほとんど変わっていない。

つぎに，財政調整制度については戦中・戦後の2つの改革のハイブリッドという側面が見られる。平衡交付金が地方交付税になると，財源保障はなくなって配付税時代の凸凹の均衡化に逆戻りするわけではない。地方交付税ではかつての配付税のように，総額は有力な国税の一定割合で一方的に決まるけれども，地方交付税法第6条の3第2項がある。地方財政計画上の財源不足が引き続き著しい場合には「地方財政に関わる制度の改正または地方交付税率の改正」が行われることになっている。この面ではシャウプ勧告の〈財源保障〉システムは，現在の制度の基本原則として活きている[39]。実際の運用は基本原則から乖離しており，原点から再構築すべきだろう。

シャウプ勧告の中では，日本社会に定着していないものもある。その最たるものは補助金整理であろう。総じて補助金はシャウプ勧告が力説している割には縮小されていない。国費・地方費の経費負担区分ということが1940年頃に喧しくなった（国が地方に委任して行わせる行政については，行政の利益が国と地方に及ぼす度合いに応じて，国の負担割合を定め，これを補助金として交付すること）。

この考え方は1948年に制定された「地方財政法」（昭和23年7月7日法律第百九号）第9条，第10条，第11条によって制度化された。だがシャウプ勧告は補助・負担金は「二重責任説」にもとづくものとして厳しく批判し，平衡交付金への全面的な統合を日本政府に求めた。地方財政法の負担区分に係る条文は一時的に停止されたほどだ。

しかし司令部内にも日本国内にも紐付き補助金を存続させる動きがあったため，行政事務の再配分とともに補助・負担金整理は不徹底に終わり，1952年

---

38) シャウプ勧告の定着についてシャウプ（1988）を参照。
39) 地方交付税の国税リンク方式の実際については今井（1993）が先駆的業績である。

に地方財政法の凍結も解除されてしまった[40]。戦前（昭和 10 年）の内閣審議会の改革案の骨子の（イ）国費，地方費の負担区分を財源区分と照応させることは，シャウプの改革から脱落したのである。今も国費・地方費の負担区分の考え方は 1940 年当時と基本的にかわっていない。問題の核心に迫る取り組みが期待される。

参 考 文 献

市川喜崇（2012）『日本の中央―地方関係　現代型集権体制の起源と福祉国家』法律文化社。

伊藤隆監修（2000）『現代史を語る 1　荻田保　内政史研究会談話速記録』現代史料出版。

伊藤隆監修（2001）『現代史を語る 2　三好重夫　内政史研究会談話速記録』現代史料出版。

今井勝人（1993）『現代日本の政府間財政関係』東京大学出版会。

大蔵省昭和財政史室（1954）『昭和財政史　14 地方財政』（藤田武夫執筆）。

大蔵省財政史室編（1978）『昭和財政史　終戦から講和まで　16 地方財政』（林健久執筆）東洋経済新報社。

荻田保（1984）『地方財政とともに―50 年の回顧―』地方財務協会。

金澤史男（2010）「両税委譲論展開過程の研究―1920 年代における経済政策の特質」，『近代日本地方財政史研究』日本経済評論社に所収。

島恭彦（1963）『財政学概論』岩波書店。

シャウプ，C. S.（1988）『シャウプの証言―シャウプ税制使節団の教訓』柴田弘文・柴田愛子訳，税務経理協会（原題：Shoup, C. S., *The Tax Mission to Japan*, 1949-1950）。

神野直彦（1993）「『日本型』税・財政システム」岡崎哲二・奥野正寛編『現代日本経済システムの源流』日本経済新聞社。

内閣調査局（1936）『地方財政改善ニ関スル内閣審議会中間報告』。

内政史研究会（1971）『松隈秀雄氏談話速記録』。

中村隆英（1986）『昭和経済史』（岩波セミナーブックス 17）岩波書店。

中村隆英（2015）『明治大正史』上下，原朗・阿部武司編，東京大学出版会。

日本銀行統計局（1966）『明治以降本邦主要経済統計』。

野口悠紀雄（1995）『1940 年体制』東洋経済新報社。

林健久（1992）『福祉国家の財政学』有斐閣。

林健久・今井勝人編（1994）『日本財政要覧（第 4 版）』東京大学出版会。

藤谷謙二（1944）『地方財政論』龍吟社。

---

40)　補助金整理の不徹底について福祉国家体制という観点から解釈を試みたものとして市川（2012）を参照。

宮本憲一（2005）『日本の地方自治　その歴史と未来』自治体研究社。

三好重夫（1931）「財政調整交付金制度の提唱」『自治研究』第 7 巻第 7 号。

三好重夫（1937）『地方財政及税制の改革』良書普及會。

三好重夫（1939）「分與税制創設の提唱」『自治研究』第 15 巻第 4 号。

持田信樹（1993）『都市財政の研究』東京大学出版会。

持田信樹（2004）『地方分権の財政学—原点からの再構築』東京大学出版会。

Peacock, P. T. and J. Wiseman（1961）, *The Growth of Public Expenditure in the United Kingdom*, George Allen & Unwin Ltd.

第 2 章

現代日本の地方税収格差と東京
——地方法人2税の実態から——

関 野 満 夫

1. はじめに

　近年，地方法人2税（法人住民税，法人事業税）については自治体間の税収格差とくに東京都への税源偏在が問題とされ，法人住民税と法人事業税の税率引き下げと，その税率引き下げによる税収分の地方譲与税化と地方交付税原資化という，税源偏在是正措置が実施された。これは端的にいえば東京都の地方税収の一部を全国の自治体財政全体に均てん化する試みである[1]。本章では，この税源「均てん措置」の是非について直接論じることはしないが，そうした地方法人2税の税源格差を生み出している東京経済の構造的特徴について検討することにしたい。その際，「県民経済計算」による県内総生産，県民所得や税務統計を利用して，東京都と他の大都市府県との比較に留意したい。

---

1)　こうした措置の背景とねらいについては，総務省（2018）「地方法人課税に関する検討会—報告書—」，沼澤（2018），総務省自治税務局（2019a）を参照。また，税源偏在是正をめぐっては，池上（2018），井手（2018），上村（2018），飛田（2018），東京都税制調査会（2018）「平成30年度東京都税制調査会答申」，細井（2021）を参照されたい。

2. 地方税収の自治体格差と東京

2-1 地方税と地方税収格差

　現代日本の地方税収格差と東京問題を考える前提として，自治体財政における地方税収の位置を確認しておこう。2017 年度の地方歳入純計決算額（都道府県と区市町村の純計）101.3 兆円の内訳をみると，地方税 39.9 兆円（39.4％），地方譲与税 2.4 兆円（2.4％），地方交付税 16.8 兆円（16.5％），国庫支出金 15.5 兆円（15.3％），地方債 10.6 兆円（10.5％）である[2]。地方税は地方歳入の約 4 割を占める主要財源であるだけでなく，国家財政に依存する地方交付税や国庫支出金とは異なり，地方の自主的・自治的財源であるという意味においても自治体財政において最も重要な財源である。

　しかし他方では，現実の自治体の地方税収額は，課税ベースとなる地域の経済力や住民の所得水準によって規定されるため，自治体間の地方税収格差も無視できない問題である。また，東京都の場合は，特別区（23 区）との間で特別な行財政関係にあり（いわゆる「都区制度」），特別区内で徴収される市町村税のうちかなりの部分（法人住民税，固定資産税，事業所税など）が東京都税として徴収されており，それだけ東京都の都税収入は一般の道府県に比べても大きくなる。

　上記のこともふまえて東京都の歳入・都税の特徴を，他の道府県と比較して確認しておこう。表 2-1 によれば，2017 年度の東京都の歳入の 76％は都税収入であり，地方譲与税も含めれば歳入の約 8 割を地方税収で賄っている。他方，全国の都道府県全体では地方税収は歳入の 40％にすぎず，地方譲与税を含めても 44％にとどまる。逆に，東京都には地方交付税は交付されておらず国庫支出金も歳入の 5％にすぎないが，都道府県全体では地方交付税が 17％，国庫支出金が 12％も占めている。つまり，東京都財政にとって地方税収（都税）は，他の道府県とは比較にならないほど重要な役割をもっていることがわかる。さ

　2）　総務省編（2019）『地方財政白書』平成 31 年版。

らに，表2-2で都税収入の構成を一般の道府県税収入と比較すると，次のこと
が指摘できる。① 地方法人2税（法人住民税，法人事業税）の比重が都税の場合
35％もあり，道府県税の26％に比べても高い。② 都区制度に由来する都税独
自の地方税収（固定資産税，都市計画税，事業所税）も都税収入の29％を占めて
いる。③ 都税収入において個人住民税（都民税）は17％，地方消費税は12％で，
道府県税での29％，26％に比べると低い。しかしこれは①，②の都税収入が
大きいが故の相対的結果であり，後にみるように東京の両税の1人当り税収額
は全国一の水準にある。

表2-1　都道府県と東京都の歳入構成（2017年度決算）
(%)

	都道府県	東京都
地方税（都税）	40.4	75.7
地方譲与税	3.9	3.5
地方交付税	17.0	—
国庫支出金	11.9	5.3
地方債	10.8	1.6
その他とも計	100.0	100.0
歳入総計	50.9兆円	7.0兆円

（出所）『地方財政白書』平成31年版，「東京都税務統計年報」平成29年度。

表2-2　道府県税（全国）と東京都税の構成（2017年度決算）
(%)

	道府県税	東京都税
個人県民税	28.9	17.5
法人県民税	4.1	16.0
個人事業税	1.1	1.0
法人事業税	21.7	19.1
（法人2税）	(25.8)	(35.1)
地方消費税	25.7	12.3
固定資産税	0.0	22.6
都市計画税	—	4.4
事業所税	—	2.0
その他とも計	100.0	100.0
税収総計	18.4兆円	5.3兆円

（注）道府県税には東京都分も含む。東京都税には都が特別区で徴収する市町村税相当分も含む。
（出所）『地方財政白書』平成31年版。

表2-3　人口1人当り税収額の指数（2013～17年度平均）

(平均＝100)

	地方税 (37.3兆円)		個人住民税 (12.0兆円)		地方法人2税 (5.9兆円)		地方消費税 (4.0兆円)		固定資産税 (8.8兆円)	
上位 4 県	東京	163.4	東京	161.6	東京	250.7	東京	110.5	東京	157.2
	愛知	117.8	神奈川	128.4	愛知	135.2	北海道	107.6	愛知	116.9
	神奈川	106.3	愛知	114.6	大阪	120.2	静岡	104.5	福井	110.2
	大阪	103.6	千葉	110.6	静岡	97.9	富山	104.4	静岡	109.1
下位 4 県	沖縄	68.6	沖縄	61.9	奈良	41.6	沖縄	92.4	長崎	67.8
	長崎	69.6	秋田	62.9	長崎	52.2	埼玉	92.5	秋田	70.6
	秋田	70.2	青森	64.7	鹿児島	53.1	兵庫	92.6	奈良	71.2
	高知	71.4	宮崎	64.8	高知	53.6	神奈川	93.8	高知	72.5
最大/ 最小	2.4倍		2.6倍		6.0倍		1.3倍		2.3倍	

（出所）『地方財政白書』平成31年版。

　以上のことから，東京都の財政においては他の道府県に比べても地方税収である都税収入の役割が格段に大きいこと，なかでも地方法人2税の比重が大きいことが確認できた。しかし，これは別の面からみれば東京都の地方税収（都税収入）が他の地域・自治体に比べて相当に豊かであること，自治体財政全体でみれば地方税収格差が大きいことの表れであるともいえよう。例えば，表2-3は都道府県別にみた人口1人当り地方税額（道府県税，市町村税）の指数（全国平均＝100）を比較したものである。これによれば，①東京の地方税額は全国平均の1.6倍もあり，最小県の2.4倍もあること，②とくに地方法人2税は全国平均の2.5倍もあり，最小県の6.0倍もあること，③個人住民税，固定資産税についても東京は全国平均の1.6倍もあること，がわかる。つまり，人口1人当り地方税額でみると，東京の優位性は明らかであり，とりわけ地方法人2税での優位性は顕著に示されている。なお，地方消費税については，各県の「消費相当額」で清算配分されていることもあって地域間格差は小さく，東京の水準も全国平均の1.1倍にとどまっている。

2-2　地方法人2税の偏在是正

　地方法人2税については，東京の税収力が抜きん出て高く自治体間の格差も大きい。これは地方法人2税が当該地域の法人所得や法人経済活動の規模を課

税ベースにしているからである。具体的にいうと，都道府県・市町村が課税する法人住民税には，国税法人税額を課税ベースとする法人税割と資本金額・従業員数に応じた均等割がある。複数自治体で活動する法人の法人税割は，事務所等の従業者数に基づく分割基準によって配分される。一方，都道府県が課税する法人事業税では，① 資本金1億円以上の法人の場合には所得割と並んで外形標準課税の付加価値割，資本割が，② 資本金1億円未満の法人については所得割のみが，③ 電気・ガス，保険業の法人には収入割が，課税されている[3]。

　さて，この地方法人2税に関連しては近年，「地方財政力の格差是正」や「都市と地方の支え合い」を名目にして，重大な制度変更がなされてきた。以下，簡単にみてみよう[4]。

　法人住民税（法人税割）については，もともと税率17.3％（市町村12.3％，県5.0％）で課税されていたが，消費税が5％から8％（地方消費税1.0％→1.7％）に増税されたことを受けて2014年度改正では税率は12.9％（市町村税9.7％，県3.2％）に引き下げられ，差し引き税率4.4％分は地方法人税（国税）として地方交付税財源に回された。さらに，消費税率10％（地方消費税2.2％）を想定した2016年度改正では法人住民税率は7.0％（市町村6.0％，県1.0％）に引き下げられ，税率10.3％分が地方法人税（国税）として地方交付税の財源に回されることになった。

　一方，法人事業税については，2008年度改正により全国の法人事業税収5.8兆円のうち2.6兆円分（地方消費税1％相当分）を地方法人特別税（国税）に振り替え，地方譲与税として人口・従業者数に応じて都道府県に譲与されることになった。2014年度より地方法人特別税の規模は2/3に縮小された。さらに，2019年度改正により地方法人特別税は廃止され，新たに法人事業税収の約3割（1.8兆円）に相当する特別法人事業税（国税）が導入されて，人口基準で都

---

3)　植松編（2020）『図説　日本の税制』令和元年度版，参照。
4)　詳しくは，総務省自治税務局（2019b）「地方税の現状と課題（令和元年6月）」，『図説　日本の税制』令和元年度版，参照。

道府県に譲与されることになった（地方交付税不交付団体への譲与制限あり）。また，2014〜18年度の法人事業税の税率は，外形標準課税が適用される資本金1億円以上の法人の場合，所得割3.6%，付加価値割1.2%，資本割0.5%であり，資本金1億円未満の法人は所得割9.6%，収入割法人は収入金額の1.3%であった。

　このように法人住民税と法人事業税においては，本来は地方税収として各自治体に直接帰属する税収部分が縮小され，地方交付税および地方譲与税の財源として再分配されてきたのである。先にみたように地方法人2税は地域間の税収格差が大きい地方税であるが故に，このような措置は地方税源の偏在是正，地方財政力の格差是正に寄与することは間違いない。逆にいえば，地方法人2税の税収力がもともと豊かな都市部自治体とくに東京都にとっては，こうした措置によって大きな税収減という影響を受けることになる。表2-4が示すように，東京都は法人事業税の一部地方譲与税化によって2009〜14年度において毎年度1000〜2000億円の税収減を，法人住民税の一部地方交付税原資化の始まる2015年度以降には毎年度4000億円規模の税収減を被るようになっている。また，東京都は地方交付税の不交付団体であるので，法人住民税の地方交付税

表2-4　偏在是正措置による東京都の税収減

(億円)

年度	法人事業税の譲与税化	法人住民税の交付税原資化	合計
2008	2	—	2
2009	1,349	—	1,349
2010	1,853	—	1,853
2011	1,664	—	1,664
2012	1,190	—	1,190
2013	2,149	—	2,149
2014	1,977	1	1,978
2015	2,482	871	3,354
2016	2,340	2,086	4,426
2017	2,514	2,065	4,579
2018	2,544	2,090	4,634
合計	20,063	7,114	27,177

（注）東京都主税局作成。
（出所）「平成30年度東京都税制調査会答申」。

表 2-5　地方法人 2 税の人口 1 人当り税額水準

(全国平均 = 100)

地方法人 2 税のみ		特別法人事業 譲与税導入後		県内総生産	
東京都	250.6	東京都	185.3	東京都	186.8
奈良県	41.8	奈良県	58.4	奈良県	58.9
最大 / 最小	6.0 倍	最大 / 最小	3.15 倍	最大 / 最小	3.17 倍

(出所) 総務省自治税務局 (2019b)「地方税の現状と課題」令和元年 6 月。

原資化の恩恵を受けることもない。

　ところで，法人事業税については 2019 年度以降の特別法人事業譲与税の導入にともなって所得割の税率がさらに引き下げられる。資本金 1 億円以上の外形標準課税法人は 3.6％から 1.0％へ，資本金 1 億円未満の非外形標準課税法人は 9.6％から 7％へ，収入割法人は 1.3％から 1.0％への引き下げである。法人事業税 (所得割) の税率引き下げと特別法人事業譲与税の導入によって，地方法人 2 税の税収偏在是正はさらに進む可能性がある。総務省の見込みによれば，表 2-5 が示すように，地方法人 2 税の人口 1 人当り地方税額格差 (最大 / 最小) は 6.0 倍であるが，特別法人事業譲与税導入後の地方譲与税収も加味すれば格差は 3.15 倍に縮小し，人口 1 人当り県内総生産額の格差 3.17 倍に概ね合致するような水準に是正されるという。

3.　東京都と大都市府県の地方法人 2 税

3-1　東京都の地方税収と地方法人 2 税の推移

　前節では，東京の地方税収力が高くとくに地方法人 2 税の税収力が抜きん出て高いこと，そのために地方法人 2 税の税源偏在是正措置も導入されてきたことをみてきた。続いて本節では，東京都の地方税とくに地方法人 2 税の税収力の実態を，2000 年代以降から今日までの長期的推移と，他の大都市府県の税収力との比較を通じて，より詳しく検討してみよう。

　表 2-6 は東京都の人口，名目 GDP，地方税額の全国シェアの推移 (2006〜17 年度) を示したものである。なおここでの地方税とは，東京都内で徴収される都税，特別区税，市町村税の合計である。ここからは次のことがわかる。

表2-6　東京都の全国シェア

(%)

年度	人口	名目GDP	地方税総額	個人住民税	地方消費税	法人住民税	法人事業税
2006	9.9	19.1	17.9	17.4	13.4	28.1	25.0
2007	10.0	19.1	17.9	16.2	13.6	29.3	25.9
2008	10.1	19.5	17.7	16.4	13.3	29.4	25.2
2009	10.2	19.4	16.9	16.4	14.6	28.8	25.3
2010	10.3	19.2	16.8	16.5	13.3	26.9	24.8
2011	10.3	19.5	16.8	16.6	13.8	26.4	24.0
2012	10.4	19.5	17.0	16.3	13.8	27.8	24.2
2013	10.4	19.4	17.4	16.5	13.2	29.7	25.5
2014	10.5	19.3	17.6	16.9	13.6	28.6	24.2
2015	10.6	19.2	17.7	17.0	14.1	29.3	25.4
2016	10.7	19.0	17.8	17.2	13.5	30.3	25.7
2017	10.8	―	17.7	17.2	13.7	29.8	25.3

（注）東京都の各税収シェアは都税と区市町村税の合計。
（出所）「東京都税務統計年報」。名目GDPは「県民経済計算」。

　第1に，東京都の人口シェアは2006年度の9.9％から2017年度の10.8％へと一貫して上昇していることである。日本の総人口は減少傾向にあるものの東京への人口一極集中は進んでいるのである。

　第2に，名目GDPのシェアは2006年度の19.1％から2011，12年度の19.5％まで上昇したものの，それ以降は微減傾向になり2016年度は19.0％である。それでも人口シェア10％前後の東京都が日本の経済活動の19％台のシェアを占めていることは注目すべきである。

　第3に，地方税総額のシェアは17〜18％前後であり名目GDPのシェアよりもやや低い水準にある。それでも人口シェアの約1.7倍の水準であり，東京都への地方税収の集中という事実が示されている。またよくみると，2006〜08年度の18％弱から2009〜12年度には17％弱に低下したが，2013〜17年度には17％台後半へとやや上昇していることがわかる。

　第4に，個人住民税での東京都のシェアは17％前後であり，地方税総額のシェアよりやや低い水準にある。なお，2006年度に17.4％あったシェアが2007〜13年度には16％台に低下しているのは個人住民税率（標準税率）が従来の累進税率（5，10，13％）から2007年度より比例税率の10％（区市町村民税6％，都民税

4%）に変更された影響もあろう。

　第 5 に，地方消費税での東京都のシェアは 13〜14％程度であり，人口シェアよりも高いが名目 GDP シェアよりも低い。これは消費税の一部として事業者が納税した地方消費税が，「消費相当額」に対応した指標に基づき各県に清算配分されているからである。

　第 6 に，地方法人 2 税での東京都の全国シェアは極めて高く，法人住民税で 30％弱，法人事業税で 25％前後に達している。詳しくみると，法人住民税のシェアは 2006〜09 年度に 28〜29％であったが，2010〜12 年度には 26〜27％にやや低下し，2013〜17 年度には 29〜30％に再び上昇している。一方，法人事業税も 2006〜09 年度の 25％のシェアから 2010〜12 年度には 24％台に低下するが，2013 年度以降にはほぼ 25％台のシェアを回復している。法人住民税（法人税割）と法人事業税（所得割）は景気動向に敏感な法人所得（ないし法人税額）を課税ベースにしているため，リーマンショック（2008 年）前後の景気動向を反映した推移といえよう。いずれにせよ東京都の地方法人 2 税のシェアは，人口，名目 GDP のシェアよりも数段高く，東京都の地方税総額の全国シェアを牽引してきたことが確認できる。

　次に表 2-7 は，東京都の都税および法人住民税，法人事業税の税収額の推移（2006〜17 年度）を示したものである。地方法人 2 税の動向については 3 つの時期に分けてとらえてみよう。

　第 1 は，2006〜08 年度の時期であり，地方法人 2 税の合計額は 2.4〜2.6 兆円の規模もあり，都税収入の 47〜48％という大きな構成比を占めていた。この時期の法人事業税は前述の 2008 年度改正前であり従来の税制で課税されており，リーマンショックの影響前ということもあって東京都の地方法人 2 税の税収額が極めて大きかった時期でもある。

　第 2 は，2009〜12 年度の時期であり，地方法人 2 税の税収額は 1.2〜1.3 兆円へと急減して，都税収入での構成比も 30〜31％の水準に低下している。これは 2008 年度改正による法人事業税課税の縮小と，リーマンショック，東日本大震災（2011 年）による景気悪化の影響が東京都の地方法人 2 税の減少へと

表 2-7　東京都税の推移

（10 億円）

年度	東京都税	法人住民税	法人事業税	法人2税小計	構成比（％）		
					法人住民税	法人事業税	小計
2006	4,923	1,051	1,341	2,391	21.3	27.2	48.5
2007	5,509	1,166	1,449	2,615	21.2	26.3	47.5
2008	5,280	1,068	1,313	2,381	20.2	26.3	46.5
2009	4,286	670	682	1,352	15.6	15.9	31.5
2010	4,148	687	559	1,246	16.6	13.5	30.1
2011	4,146	696	537	1,233	16.8	12.9	29.7
2012	4,247	775	570	1,345	18.2	13.4	31.7
2013	4,491	841	681	1,522	18.7	15.1	33.8
2014	4,739	915	728	1,643	19.3	15.4	34.7
2015	5,183	870	892	1,762	16.8	17.2	34.0
2016	5,236	848	1,043	1,891	16.2	19.9	36.1
2017	5,273	841	1,009	1,850	15.9	19.1	35.0

（出所）「東京都税務統計年報」平成 29 年度，より作成。

導いたと考えられよう。

　第 3 は，2013～17 年度の時期であり，地方法人 2 税の税収額は 1.5～1.8 兆円へとやや回復し，都税収入での構成比も 34～36％に上昇している。この時期には前述のように，地方税源偏在是正を理由に法人住民税率，法人事業税率が引き下げられていたが，一定の景気回復傾向の下での法人所得の上昇があり（後掲表 2-23，参照），東京都の地方法人 2 税の税収額が増加していったのである。

3-2　東京都と大都市府県の地方税収入

　次に東京都と他の大都市府県の地方税収入を比較して東京都の特徴を明らかにしてみよう。表 2-8 は東京都とその周辺 3 県（神奈川，千葉，埼玉）および愛知県，大阪府の地方税収額（2017 年度）を比較したものである。ここでの地方税収額は各都府県での道府県税と市町村税の合計であり，当該地域での地方税収力総体が示されている。

　東京都と周辺 3 県をまず比較すると次のことが判明する。① 人口 1 人当り地方税額では東京都は 51 万円であり，周辺 3 県の 26～32 万円の 1.6～2.0 倍の

表 2-8　6 都府県での地方税収額の状況（2017 年度）

(10 億円)

	東京	愛知	大阪	神奈川	千葉	埼玉
地方税総計	7,061	2,653	3,088	2,977	1,974	1,910
個人住民税	2,203	866	843	1,163	689	792
法人住民税	889	197	270	173	95	105
法人事業税	1,009	279	356	255	138	136
（法人 2 税計）	(1,898)	(476)	(626)	(428)	(233)	(241)
固定資産税	1,484	622	651	689	407	456
法人 2 税のシェア（％）	26.9	17.9	20.3	14.4	11.8	12.6
1 人当り地方税額（千円）	513	353	350	325	316	261

　（注）各都府県における道府県税と市町村税の合計。
　（出所）「東京都税務統計年報」平成 29 年度，より作成。

高さにある。② 地方法人 2 税の税収額では東京都は 1.9 兆円であり周辺 3 県の 0.2〜0.4 兆円の 4〜8 倍の規模もある。③ 地方税収に占める地方法人 2 税の比重をみても東京都の 27％に対して周辺 3 県は 12〜14％にすぎない。④ つまり，東京都と周辺 3 県は東京都市圏（首都圏）として密接な経済的関連を有しているが，地方法人 2 税はもっぱら東京都に集中しているのである。

　大都市圏の中心都市としての性格を共通にもつ東京都と愛知県，大阪府を比較すると次のことがわかる。① 東京都の 1 人当り地方税収額 51 万円は愛知県，大阪府の 35 万円の 1.5 倍もある。② 地方法人 2 税の税収額でも東京都の 1.9 兆円は大阪府（0.6 兆円），愛知県（0.5 兆円）の 3〜4 倍に達する。③ 地方税収での地方法人 2 税の比重も東京都の 27％に対して，愛知県 18％，大阪府 20％であり，東京都の水準には及ばない。④ つまり，大都市圏中心都市の中でも東京都の地方税収力とくに地方法人 2 税の税収額は群を抜いていることがあらためて確認できる。

　さらに表 2-9 は，前表と同じ 6 都府県の 2017 年度の道府県税と地方法人 2 税の税収額とその全国シェアを示したものである。ここで計上されているのは道府県税のみであり，市町村税相当分は入っていない。この表によっても次のことがわかる。① 東京都の地方法人 2 税の全国シェアは 26％もあり，大阪府 9％，愛知県 7％を大きく上回っている。② 道府県税収に占める地方法人 2 税の比重でみても東京都は 39％に達しており，大阪府 32％，愛知県 27％を上回っ

表 2-9　道府県税と法人 2 税の状況（2017 年度）

（10 億円，％）

	道府県税（A）		法人 2 税（B）		
	税額	構成比	税額	構成比	B/A
東京都	3,143	17.1	1,232	25.9	39.2
神奈川県	1,295	7.0	297	6.3	22.9
千葉県	820	4.5	161	3.4	19.6
埼玉県	895	4.9	162	3.4	18.1
愛知県	1,231	6.7	333	7.0	27.0
大阪府	1,328	7.2	429	9.0	32.3
全国計	18,396	100.0	4,754	100.0	26.6

　（注）東京都税には特別区の市町村税相当分を含む。
　（出所）『地方財政白書』平成 31 年版，より作成。

ている。③ 東京都の周辺 3 県では道府県税収に占める地方法人 2 税の比重は20％前後にすぎない。④ 結局，道府県税レベルに限定しても東京都の地方法人 2 税の全国シェアは高く，東京都税収入に占める比重もとくに大きいことが確認できよう。

　さて，東京都の地方法人 2 税の税収力が大きいのは，基本的には法人企業による経済活動や法人所得が東京により多く集中しているからである。そこで次節では，実際の県内総生産，県民所得，法人所得の数値から東京経済の特徴を検証し，東京都の地方法人 2 税の経済基盤を明らかにしよう。

4. 地方法人 2 税での東京集中の経済基盤

4-1　県内総生産からみた東京都の特徴

　県内総生産（GDP）とは，当該地域内での企業・個人など経済主体による 1年間の付加価値生産額（［産出額］-［中間投入額］）の合計であり，各県での経済活動の規模・成果を表している。表 2-10 は東京都を含む大都市 6 都府県の2006 年度，2016 年度の県内総生産とその全国シェアを示している。東京都の県内総生産額は約 104 兆円でその全国シェアは約 19％である。大阪府，愛知県の県内総生産額は約 39 兆円，全国シェアは約 7％であり，東京都の経済規模は両府県の 2.6 倍もあることになる。一方，東京都の周辺 3 県では，神奈川県の県内総生産額は約 35 兆円で東京都の 3 分の 1 程度，千葉県，埼玉県は約

表 2-10　6 都府県の県内総生産

(兆円)

	県内総生産		構成比 (%)	
	2006 年度	2016 年度	2006 年度	2016 年度
東京都	104.8	104.5	19.1	19.0
神奈川県	34.8	34.6	6.4	6.3
千葉県	19.9	20.4	3.6	3.7
埼玉県	21.8	22.7	4.0	4.1
愛知県	39.5	39.4	7.2	7.2
大阪府	39.9	39.0	7.3	7.1
全国	547.5	549.9	100.0	100.0

(出所)「県民経済計算」より作成。

20 兆円で東京都の 5 分の 1 程度の経済規模ということになる。

　次に表 2-11 は，2016 年度の東京都，愛知県，大阪府の県内要素所得を示している。[県内要素所得] は，[県内総生産額] から [固定資本減耗] と [生産・輸入品に課される税，補助金 (控除)] を差し引いたものである。そしてこの [県内要素所得] は，従業員給与等の [県内雇用者報酬] と企業利潤等の [営業余剰・混合所得] から構成される。なお [営業余剰・混合所得] には，個人企業の自営業所得や持ち家の帰属家賃も含まれているので，すべてが企業利潤＝法

表 2-11　3 都府県の県内総生産と全国シェア（2016 年度）

(上段：兆円，中・下段：%)

	県内総生産	県内要素所得	県内雇用者報酬	営業余剰・混合所得
東京都	104.5	81.3	52.9	28.4
愛知県	39.4	27.5	18.7	8.7
大阪府	39.0	27.8	21.2	6.6
全国	549.9	392.4	267.4	125.0
東京都	—	100.0	65.0	34.9
愛知県	—	100.0	68.0	31.7
大阪府	—	100.0	76.2	23.8
全国	—	100.0	68.1	31.9
東京都	19.0	20.7	19.8	22.7
愛知県	7.2	7.0	7.0	7.0
大阪府	7.1	7.1	7.9	5.3
全国	100.0	100.0	100.0	100.0

(出所)「県民経済計算」より作成。

42

人所得になるというわけではないが，その多くは企業利潤に分配される要素所得と考えてよいであろう。さて，表2-11によれば，東京都の県内総生産額104兆円のうち県内要素所得となるのは81兆円である。そしてこれは，県内雇用者報酬53兆円（65%），営業余剰・混合所得28兆円（35%）から構成されている。とくに注目すべきは，東京都の営業余剰・混合所得の全国シェアが22.7%もあり，県内雇用者報酬（19.8%），県内要素所得（20.7%）のシェアよりも2〜3ポイント上回っていることである。これは東京への企業利潤の集中を反映する数値といえよう。ちなみに，愛知県や大阪府での営業余剰・混合所得の全国シェアは，県内要素所得のシェアと同等か，下回っている状況である。

　さらに，東京都の県内総生産を産業部門別（経済活動別）にみてみよう。表2-12は，2016年度の全国と東京都の経済活動別県内総生産の構成を比較したものである。東京都での主要な経済活動が，卸売・小売業（19.9%），不動産業（11.6%），専門・科学技術，業務支援サービス業（11.4%），情報通信業（10.6%），金融・保険業（9.0%）などサービス経済分野であることがわかる。全国の構成比では製造業が21.4%でトップであるが，東京都では8.5%にとどまっている。

表2-12　経済活動別県内総生産（2016年度）

(10億円，%)

	県内総生産		構成比		B/A
	全国（A）	東京都（B）	全国	東京都	
製造業	117,801	9,235	21.4	8.5	7.8
電気・ガス・水道業・廃棄物処理業	16,011	1,683	2.9	1.6	10.5
建設業	31,103	5,721	5.7	5.5	18.4
卸売・小売業	69,169	20,808	12.6	19.9	30.1
運輸・郵便業	27,764	4,803	5.0	4.6	17.3
宿泊・飲食サービス業	13,738	2,437	2.5	2.3	17.7
情報通信業	26,577	11,029	4.8	10.6	41.5
金融・保険業	23,668	8,642	4.3	9.0	36.5
不動産業	64,370	12,106	11.7	11.6	18.8
専門・科学技術，業務支援サービス	41,466	11,862	7.5	11.4	28.6
公務	24,405	4,191	4.4	4.0	17.2
教育	21,102	3,201	3.8	3.1	15.2
保健衛生・社会事業	40,066	4,127	7.3	3.9	10.3
その他サービス業	23,933	4,409	4.3	4.2	18.4
県内総生産	549,866	104,470	100.0	100.0	19.0

（出所）「県民経済計算」より作成。

また，経済活動別の東京都の全国シェアでみても，情報通信業（41.5%），金融・
保険業（36.5%），卸売・小売業（30.1%），専門・科学技術，業務支援サービス
業（28.6%）という分野での集中度が高くなっており，現代的なサービス経済
での東京都の優位性が示されている。

　そこで次に，表 2-13 で上記 4 業種での県内要素所得の全国シェアを東京都
と愛知県，大阪府で比較してみよう。同表によると次のことがわかる。① 卸売・
小売業と専門・科学技術，業務支援サービス業では，東京都の営業余剰・混合
所得の全国シェアは 43〜44% であり，県内要素所得の全国シェア 30〜31% よ
り相当に高い。② 金融・保険業では，東京都の全国シェアは県内要素所得，
営業余剰・混合所得ともに 36% 台で同水準であるが，全国での優位性は示さ
れている。③ 情報通信業では，東京都の営業余剰・混合所得の全国シェアは
31% であるが，県内要素所得の全国シェア 44% を下回っている。この分野では，
むしろ県内雇用者報酬の全国シェアが 51% と突出していることが目立つ。
④ 愛知県，大阪府の営業余剰・混合所得での全国シェアは一部を除いて県内
要素所得を下回っている。⑤ 全体として，東京都の主要産業であるこの 4 業
種での営業余剰・混合所得の全国シェアでは，東京都の優位性が顕著である。

表 2-13　3 都府県の 4 業種・県内総生産（要素所得）の全国シェア（2016 年度）
（%）

	都府県	県内総生産	県内要素所得	県内雇用者報酬	営業余剰・混合所得
卸売・小売業	東京都	30.0	31.1	23.7	44.0
	愛知県	6.9	6.9	8.1	4.9
	大阪府	9.2	9.4	10.1	8.2
情報通信業	東京都	41.5	43.9	51.0	31.2
	愛知県	4.7	4.7	3.9	6.1
	大阪府	8.6	8.6	9.5	7.2
金融・保険業	東京都	36.5	36.5	36.3	36.5
	愛知県	4.8	4.8	5.0	4.6
	大阪府	6.9	6.9	9.1	4.8
専門・科学技術，業務支援サービス業	東京都	28.6	30.2	26.6	43.1
	愛知県	6.0	6.1	8.5	-2.2
	大阪府	8.4	8.7	7.6	12.6

（出所）「県民経済計算」より作成。

以上のことから，東京都における県内総生産や営業余剰・混合所得の全国シェアの高さは，その多くを現代的なサービス経済分野での東京都への集中，東京都の優位性によって形成されていると考えられよう。

4-2　県民所得からみた東京都の特徴

県内総生産として各地域で生産された付加価値額は，最終的には就業者（家計）・企業に対して県民雇用者報酬，財産所得，企業所得として分配され，それらの合計が県民所得として計算される。いま表 2-14 で，大都市 6 都府県の人口 1 人当り県民所得の推移をみてみよう。全国平均＝100 とすると東京都の 1 人当り県民所得は 2006 年度 186，2010 年度 170，2016 年度 166 へとやや低下傾向にある。それでも東京都は全国平均の 1.6 倍強の水準を維持しており，他の 5 府県が 0.9〜1.1 倍の水準にあるのと比較しても県民所得での東京都の優位性は不変であるといえよう。

次に，表 2-15 は同じ 6 都府県の 2016 年度の県民所得の構成を比較したものである。東京都に注目すると次のような特徴がある。① 企業所得とくに民間法人企業の所得の比重が高い。県民所得 73 兆円うち 19 兆円が民間法人企業所得であり，その構成比は 26％以上になる。② 財産所得（非企業部門）が 8 兆円もあり，県民所得の 11％も占めている。他の 5 府県での構成比は 4〜6％程度であり，東京都の高さは突出している。ちなみに東京都の財産所得 8.1 兆円（受取 11.1 兆円，支払 3.0 兆円）の内訳（家計のみ）は，利子 1.3 兆円，配当 2.6 兆円，

表 2-14　人口 1 人当り県民所得の推移

	県民所得額（千円）			全国平均＝100		
	2006 年度	2010 年度	2016 年度	2006 年度	2010 年度	2016 年度
東京都	5,973	5,124	5,348	186	174	166
神奈川県	3,257	3,014	3,180	101	102	99
千葉県	2,996	2,790	3,020	93	95	94
埼玉県	2,887	2,714	2,958	90	92	92
愛知県	3,733	3,120	3,633	116	106	113
大阪府	3,240	2,889	3,056	101	98	95
全国平均	3,217	2,950	3,217	100	100	100

（出所）「県民経済計算」より作成。

表 2-15　6 都府県の県民所得（2016 年度）

(兆円)

	県民 所得 (A)	県民 雇用者 報酬 (B)	財産 所得 (C)	企業 所得	うち 民間 法人 企業 (D)	B/A （%）	C/A （%）	D/A （%）
東京都	72.8	38.3	8.1	26.5	19.2	52.6	11.1	26.4
神奈川県	29.1	22.6	1.8	4.6	1.4	77.7	6.2	4.8
千葉県	18.8	13.9	0.9	4.0	2.0	73.9	4.8	10.6
埼玉県	21.6	15.9	1.2	4.5	2.1	73.6	5.5	9.7
愛知県	27.3	18.2	1.3	7.8	5.4	66.7	4.8	19.8
大阪府	27.0	19.1	1.6	6.3	3.8	70.7	5.9	14.1
全国	408.4	268.2	26.1	114.0	71.6	65.7	6.4	17.5
東京のシェア （%）	17.8	14.3	31.0	23.2	26.8	—	—	—

（出所）「県民経済計算」より作成。

その他投資所得 2.9 兆円，賃貸料 1.7 兆円であった[5]。③ 逆に，東京都の県民所得に占める県民雇用者報酬の比重は 53％であり，他の 5 府県が 67〜78％であるのと比較すると低い。これは東京都の場合，企業所得，財産所得の比重が高いが故のこともあるが，いま一つには後述のように東京圏特有の通勤就業構造も反映している。④ 全体として東京都では，県民所得でも企業所得，財産所得の比重が他府県よりも高い。これは，東京都の 1 人当り県民所得を高くしている重要な要因である。そしてこのことはまた，先にみた県内総生産での営業余剰・混合所得の比重が高かったことの結果でもある。⑤ 東京都の全国シェアでみると，県民所得総額では 18％弱であるが，財産所得では 31％，民間法人企業所得でも 27％弱も占めている。県民所得レベルでも民間法人企業所得の東京集中度は高いのである。

　さて，東京都の県民所得において県内雇用者報酬の比重が比較的に低かった要因の一つには，通勤就業面での東京大都市圏の大きさもあろう。表 2-16 は，2016 年度の東京，愛知，大阪の各大都市圏での各県の県内雇用者報酬と県民

---

5)　「県民経済計算」より。

表 2-16　県内雇用者報酬と県民雇用者報酬（2016 年度）

(兆円)

	県内雇用者報酬	県民雇用者報酬	差引
東京都	52.9	38.3	-14.6
神奈川県	17.5	22.6	+5.1
千葉県	9.3	13.9	+4.6
埼玉県	10.8	15.9	+5.1
愛知県	18.8	18.2	-0.6
岐阜県	3.6	4.0	+0.4
大阪府	21.2	19.1	-2.1
大阪市	9.4	7.3	-2.1
奈良県	1.7	2.4	+0.7
兵庫県	9.6	10.6	+1.0

(出所)「県民経済計算」より作成。

雇用者報酬を比較したものである。東京都の県民雇用者報酬は県内雇用者報酬を約 15 兆円も下回っている。これは企業従業員が東京都内で就業して県内総生産（県内雇用者報酬）に貢献しても，県民所得（県民雇用者報酬）として分配されるのは従業員の居住する都県になるからである。東京都の場合，都内に就業する従業員の相当部分が周辺県に居住しているため，県民雇用者報酬としては周辺県に流出することになる（純流出分が約 15 兆円）。逆に，周辺の神奈川，千葉，埼玉では県民雇用者報酬が県内雇用者報酬を各々5 兆円ほど上回っており，東京都からの純流出分 15 兆円を吸収している。愛知，大阪の大都市圏でも中心都市と周辺県では同様の関係がみられるが，東京圏に比べるとその規模は小さくなっている。

　確かに東京都での雇用者報酬の流出は県民所得でのマイナスになるが，それ以上に重要なのは，このように周辺県から多数の就業者を集めているからこそ東京都内で巨大な経済活動を展開して，大きな県内総生産，高い県民所得，民間法人企業所得の東京集中，を実現しているという事実であろう。

4-3　法人所得からみた東京都の特徴

以上では「県民経済計算」の数値から，東京都では県内総生産での営業余剰・

混合所得が大きいこと，また県民所得での企業所得（民間法人所得）が大きい
ことが確認された。もちろんこれらが，法人税（国税）や地方法人 2 税の直接
的な課税ベースになるわけではない。しかし，東京都での地方法人 2 税の主要
な課税ベースとなる豊かな法人所得は，このような経済的基盤から形成される
ことになる。そこで最後に，「国税庁統計年報」と「東京都税務統計年報」を
利用して実際に課税対象とされた法人所得の動向や地方法人 2 税の課税実績か
ら，東京都の特徴をとらえてみよう。

　表 2-17 は法人税の課税対象となる法人数とその所得金額を都道府県別（6 都
府県）についてみたものである（2018 年度）。東京都の全国シェアに注目すると
次のことが特徴的である。① 東京都の法人数は 60 万社で全国 287 万社の 21%
（普通法人でもほぼ同じ）を占める。② 東京都の法人所得額 29.7 兆円は全国の法
人所得 72.7 兆円の 41% を占める。連結納税法人分等を含まない普通法人だけ
では，東京都のシェアは 50% になる。③ 全国の外国法人 5253 社のうち 76%
は東京都に立地し，その法人所得 4487 億円のうち 95% は東京都に帰属してい
る。④ つまり，東京都には全国の法人数の 21% が集中しているが，それ以上
に全国の法人所得の実に 40%（ないし 50%）が集中していることになる。

　さらに表 2-18 は法人所得額の推移（1975〜2018 年度）を全国および東京都・

表 2-17　都道府県別の法人数，法人所得額（2018 年度）

(千社，兆円)

	申告法人数			所得額		
	全体	普通法人	外国法人（社）	全体	普通法人	外国法人（億円）
東京都	600	573	3,976	29.7	28.6	4,255
神奈川県	182	172	227	2.0	2.0	95
千葉県	108	102	97	1.1	1.1	22
埼玉県	134	128	64	1.1	1.0	5
愛知県	162	153	23	3.6	3.5	3
大阪府	239	228	133	6.4	6.3	13
連結法人	2	—	—	13.7	—	—
全国	2,873	2,692	5,253	72.7	57.0	4,487
東京都のシェア(%)	20.9	21.3	75.7	40.9	50.1	94.8

（出所）「国税庁統計年報」より作成。

表 2-18　法人所得額の推移

年度	法人所得額（10 億円）				法人所得額でのシェア（％）		
	全国	東京都	大阪府	連結法人	東京都	大阪府	連結法人
1975	12,239	4,820	1,769	—	39.4	14.5	—
1980	23,444	9,729	3,384	—	41.5	14.4	—
1985	32,378	13,776	4,746	—	42.5	13.8	—
1990	53,391	23,465	7,881	—	43.9	14.8	—
1995	34,498	13,011	4,317	—	37.7	12.5	—
2000	39,683	17,145	5,127	—	43.2	12.9	—
2005	45,664	20,271	5,042	1,620	44.4	11.0	3.5
2010	35,685	15,073	3,825	2,371	42.2	10.7	6.6
2015	61,040	24,968	5,370	10,317	40.9	8.8	16.9
2018	72,775	29,738	6,441	13,739	40.9	8.9	18.9

（出所）「国税庁統計年報」より作成。

大阪府・連結納税法人に分けて示したものである。この表からは次のことがわかる。① 東京都の法人所得の全国シェアは 1975 年度以降一貫して 40％前後を占めていること，② 逆に大阪府の全国シェアは 1990 年度までは 14％前後あったものの，その後は低下傾向にあり 2010 年代には 9％弱に縮小している。③ 一方，2003 年度から開始された連結納税法人の全国シェアは上昇傾向にあり，2018 年度には 19％弱になっている。

　法人税（国税）の場合はすべてが国家税収になるので，法人本社・法人所得がどの都道府県で立地・発生するかは問題にはならない。しかし，地方法人 2 税の場合には，その都道府県内に法人本社が立地し，従業員数が多く法人所得（利潤）が大きい企業が活動しているほど税収額が多くなる。東京都には全国の法人所得の 40％（ないし 50％）が集中しており，これが東京都での地方法人 2 税の高い全国シェア（法人住民税 30％弱，法人事業税 25％，表 2-6 参照）の要因になっていることは間違いない。

　ただ，東京都の地方法人 2 税の全国シェアは法人所得の全国シェアよりもやや低くなっている。その理由としては，① 地方法人 2 税の税収は本社立地自治体にのみ帰属するのではなく，事業所・工場等の立地自治体に対して従業員数等に応じて税収配分されること，② 法人住民税には法人税割だけでなく，

すべての立地自治体に納税される均等割が存在すること[6]，③ 法人事業税は，所得割の他に付加価値割，資本割，収入割という外形標準課税部分が存在すること，などが考えられる。とはいえ，本社機能が集中し大企業や法人所得が多い東京都の地方法人 2 税での優位性は確固としている。

これについて東京都の法人事業税の課税ベースの実態をみて確認しよう。まず表 2-19 は，東京都の普通法人について 2017 年度の所得金額，付加価値額，資本金等の額を業種別に示したものである。この表からは次のことがわかる。① 所得金額については，サービス業（27%），卸売・小売業（16%），製造業（14%），金融業（10%），不動産業（10%）の比重が大きい。② 付加価値額についても，サービス業（25%），製造業（18%），卸売・小売業（17%）金融業（10%），の比重が大きい。③ 資本金等の額については，製造業（20%），サービス業（17%），

表 2-19　東京都・法人事業税での普通法人（業種別）の所得金額，付加価値額，資本金等の額（2017 年度）

(10 億円, %)

| | 所得金額 | | 付加価値額 | | 資本金等の額 | |
	金額	構成比	額	構成比	額	構成比
総計	15,255	100.0	24,023	100.0	34,855	100.0
建設業	875	5.7	1,276	5.3	1,012	2.9
製造業	2,190	14.4	4,307	17.9	6,816	19.6
卸売・小売業	2,411	15.8	3,990	16.6	4,913	14.1
金融業	1,593	10.4	2,401	10.0	5,697	16.3
証券業	614	4.0	1,131	4.7	3,085	8.9
保険業	79	0.5	85	0.4	116	0.3
	(2,935)	—	—	—	—	—
不動産業	1,490	9.8	1,336	5.6	2,372	6.8
運輸・通信業	1,177	7.7	2,015	8.4	3,129	9.0
電気・ガス供給業	471	3.1	1,019	4.2	941	2.7
	(756)	—	—	—	—	—
サービス業	4,056	26.6	6,041	25.1	6,047	17.3
その他産業	275	1.8	378	1.6	598	1.7

　(注)　所得金額のカッコ内は収入金額。証券業には商品先物取引業を含む。農林魚業，鉱業の数値は省略した。
　(出所)「東京都税務統計年報」平成 29 年度，より作成。

---

6)　法人住民税の均等割は，資本金額・従業者数に応じて市町村の場合 5〜300 万円（標準税率），道府県の場合 2〜80 万円である（『図説　日本の税制』令和元年度版）。

金融業（16%），卸売・小売業（14%）の比重が大きい。④ 全体として，東京都の法人事業税の課税ベースにおいては，サービス業，卸売・小売業，金融業，不動産業，製造業の比重が大きいことがわかる。先に表 2-12 の経済活動別県内総生産でみた東京都の特徴との類似性も確認できる[7]。次に，東京都への法人本社機能の集中による法人事業税への影響をみてみよう。表 2-20 は法人事業税の課税対象となる東京都内の普通法人の業種別所得金額を，都内法人，分割法人（都本店分，他府県本店分）に分けて示したものである（2017 年度）。この表からは次のようなことがわかる。① 課税所得額 15.2 兆円（表 2-19）の法人別内訳では，都内法人 4.7 兆円（31%），都本店の分割法人 9.0 兆円（59%），他府県本店の分割法人 1.5 兆円（10%）であり，東京都に本社を置き全国展開し

表 2-20　東京都・法人事業税での普通法人・業種別所得金額の法人内訳（2017 年度）

（10 億円）

	都内法人	分割法人					
		東京都本店分			他府県本店分		
		所得総額 (a)	都分 (b)	b/a (%)	所得総額 (c)	都分 (d)	d/c (%)
総計	4,731	23,561	9,004	38.2	15,382	1,519	9.9
建設業	197	1,597	530	33.2	1,019	148	14.5
製造業	404	5,117	1,354	26.4	6,773	432	6.4
卸売・小売業	675	3,685	1,362	37.0	2,489	374	15.0
金融業	341	2,880	1,168	40.6	1,161	83	7.1
証券業	343	532	265	49.8	21	6	28.6
保険業	34	77	39	50.6	70	5	7.1
	(126)	(8,416)	(2,446)	29.1	(1,806)	(363)	20.1
不動産業	756	1,381	681	49.3	247	54	21.9
運輸・通信業	227	2,347	874	37.2	1,300	77	5.9
電気・ガス	29	1,201	439	36.6	126	4	3.2
	(323)	(6,356)	(428)	6.7	(9,600)	(6)	0.0
サービス業	1,620	4,522	2,211	48.9	1,358	225	16.6
その他産業	99	157	65	41.4	804	111	13.8

（注）所得金額のカッコ内は収入金額。証券業には商品先物取引業を含む。農林魚業，鉱業の数値は省略した。

（出所）「東京都税務統計年報」平成 29 年度，より作成。

---

7)　なお表 2-12 の県内総生産では，公務，教育，保健衛生で計 12% を占めていたが，この 3 業種の多くは課税対象からはずれるので，表 2-19，表 2-20 には登場しない。

ている分割法人が課税所得の約 6 割を占めている。なお，東京都内だけで事業
展開している都内法人が課税所得の 31％を占めていることも注目されよう。
② 都本店の分割法人の総所得額 23.5 兆円のうち東京都には本社機能等に基づ
き 9.0 兆円，全体の 38.2％が帰属し，東京都税の課税対象になっている。業種
別では不動産業（49％），サービス業（49％），金融業（41％）などにおいてその
水準は高い。③ 他府県本店の分割法人の総所得額 15.4 兆円のうち東京都に帰
属するのは 1.5 兆円（9.9％）にとどまっている。その中では，不動産業（22％），
サービス業（17％），卸売・小売業（15％）がやや高い水準を示している。

　さらに，東京都と大阪府の法人住民税と法人事業税の課税実態を比較して，
東京都の特徴ないし優位性をみてみよう。表 2-21 は 2016 年度の東京都と大阪
府の法人住民税の課税状況である。東京都分には特別区での法人住民税も含ま
れているので，大阪府と大阪市の合計額と比較している。同表からは次のこと
がわかる。① 法人所得を反映する法人税割が，大阪府の 1566 億円に対して東
京都は 7643 億円で 5 倍近くある。② 税額に占める法人税割の比重も東京都の
90％に対して大阪府は 82％とやや低い。③ 法人税割のうち都府内での本店立
地に基づくものが，東京都の 88％に対して，大阪府は 50％にすぎず，本社機
能での東京都の優位性が示されている。④ 逆に，本店立地や法人所得額（法人
税）に関係しない均等割の比重では，東京都の 10％に対して大阪府は 17％（全

表 2-21　東京都，大阪府の法人住民税（2016 年度）

（億円）

	東京都	大阪府		
		計	大阪府	大阪市
税額（A）	8,492	1,901	689	1,223
均等割	849	346	160	186
法人税割（B）	7,643	1,566	529	1,037
都府内法人	1,671	—	92	
分割法人（a）	5,835	—	425	—
うち都府内本店（b）	5,138	—	214	—
うち都府外本店	697	—	211	—
B/A（％）	90.0	82.4	—	—
b/a（％）	88.1	—	50.4	—

（出所）「東京都税務統計年報」，「大阪府税務統計」，「大阪市税務統計」より作成。

国平均20%）とやや高くなっている。

　次に表2-22は，2016年度の東京都と大阪府の法人事業税の課税状況を示している。東京都の法人事業税額は9859億円で大阪府の3166億円の3.1倍である。とくに資本金1億円以上の外形標準課税対象法人からの税額の比重をみると，東京都の62％に対して大阪府は55％であり，東京都は大規模企業からより多くの法人事業税収を確保していることが示されている。

　ところで，先に表2-6，表2-7でみたように地方法人2税での東京都の税収と全国シェアは，2009～12年度にいったん低下したものの2013年度以降には回復傾向にある。この要因としては，日本国内の法人所得そのものが増加してきたことが大きい。表2-23をみると法人所得額は2008～12年度の40兆円前後から，2013年度以降に急増し2017年度，2018年度には70兆円台に達している（2008年度→18年度，1.96倍）。ただ同時にこの間に法人税率が引き下げられてきたため（2008年度30％→2018年度23.2％），国税の法人税収はそれほど伸びてはいない。とはいえこの2013年度以降の法人所得の急増が，東京都の本社機能や外国法人立地での優位性と相まって，東京都の地方法人2税の税収増と，全国シェアの上昇に貢献してきたのである。なお，表2-24によれば日本国内の民間企業給与所得のこの間の伸びは1.12倍（2008年度197兆円，2018年度221兆円），平均給与の伸びも1.03倍にとどまっている。つまり，2013年度

表2-22　東京都，大阪府の法人事業税（2016年度）

（億円）

	東京都	大阪府
税額（A）	9,859	3,166
所得課税分	3,298	1,263
収入課税分	388	155
外形標準課税分（B）	6,173	1,748
所得割	3,339	—
付加価値割	1,756	—
資本割	1,075	—
B/A（％）	62.6	55.2

（出所）「東京都税務統計年報」，「大阪府税務統計」より作成。

表 2-23　法人所得額と法人税負担の推移

(兆円)

年度	法人所得額(A)	法人税額(B)	負担率B/A(%)	(参考)法人税率(%)
2008	37.2	9.5	25.5	30
2009	33.3	8.5	25.5	30
2010	35.7	9.2	25.8	30
2011	36.8	9.4	25.5	30
2012	44.8	9.9	22.1	25.5
2013	52.8	10.8	20.5	25.5
2014	57.9	11.3	19.5	25.5
2015	61.0	11.3	18.5	23.9
2016	62.9	11.1	17.6	23.4
2017	70.2	12.3	17.5	23.4
2018	72.8	12.7	17.4	23.2

(注) 所得額，税額は法定事業年度分を計上した。
(出所)「国税庁統計年報」より作成。

表 2-24　民間企業給与総額，平均給与の推移

年分	民間企業給与総額(兆円)	平均給与(万円)
2008	197	429
2009	182	405
2010	187	412
2011	186	409
2012	185	408
2013	192	413
2014	197	415
2015	201	420
2016	205	421
2017	213	432
2018	221	440
18/08	1.12 倍	1.03 倍

(出所)「民間給与実態調査結果」より作成。

　以降の法人所得の急増は，従業員給与を抑制して企業利潤・法人所得だけが増加する歪な「企業成長」であったのである。この歪な「企業成長」を背景にして，東京都の地方法人 2 税が急増してきたという事実も忘れてはならないであろう。

5. 小　　括

　地方法人2税の税収額において東京集中が著しいのは基本的には両税の課税ベースの主体となる法人所得の東京集中が著しいからである。本章ではその経済基盤として次のことを確認してきた。① 経済活動（名目県内総生産）での東京都のシェアは19％あるが，なかでも東京の主要産業である情報通信業，金融・保険業，卸売・小売業，専門・科学技術，業務支援サービス業という現代的サービス経済においては30〜40％の全国シェアを占めている。② 県民所得での東京都の全国シェアは18％であるが，民間法人企業所得の全国シェアでは27％も占めている。③ 法人課税の課税ベースとなる法人所得では，普通法人の所得で40％，連結納税法人等を除くと50％の法人所得が東京都に集中している。これは法人企業（外国法人を含む）の本社機能の東京都への集中が顕著であることによる。④ 東京都の法人住民税，法人事業税の課税ベースの実態をみても，東京における本社機能の優越性や現代的サービス経済分野を中心にした法人所得の大きさが示されている。

　さて，最近の税源偏在是正措置によって，人口1人当りでみた地方法人2税相当額の地域間格差は，県内総生産額での地域間格差の水準に近いものになるという。これによって地方法人2税での税源偏在問題は当面は落ち着くかもしれないが，経済活動や法人所得の東京集中の構造は不変であり，地方税収格差という構造的問題は残っている。

参 考 文 献

池上岳彦（2018）「地方税の「偏在是正」を超える改革」『都市問題』2018年12月号。
井手英策（2018）「税収の偏在から税源の拡充へ」『都市問題』2018年12月号。
植松利夫編（2020）『図説　日本の税制』令和元年度版，財経詳報社。
上村敏之（2018）「都市部における税源偏在の現状と課題」『都市問題』2018年12月号。
国税庁「国税庁統計年報」各年度版。
国税庁「民間給与実態統計調査結果」各年度版。
関野満夫（2019）「現代の地方税収と税源偏在問題」『住民と自治』2019年6月号。

関野満夫（2020）「東京一極集中にみる地方税財政の歪み」『住民と自治』2020 年 9
　　月号。

総務省（2018）「地方法人課税に関する検討会―報告書―」2018 年 11 月。

総務省編（2019）『地方財政白書』平成 31 年版。

総務省自治税務局（2019a）「解説　平成 31 年度税制改正を巡る議論について」『地
　　方税』2019 年 1 月号。

総務省自治税務局（2019b）「地方税の現状と課題」令和元年 6 月。

東京都税制調査会（2018）「平成 30 年度　東京都税制調査会答申」2018 年 10 月。

東京都主税局「東京都税務統計年報」各年度版。

飛田博史（2018）「税源偏在是正と地方創生？」『都市問題』2018 年 12 月号。

内閣府「県民経済計算」各年度版。

沼澤弘平（2018）「解説　地方法人課税に関する検討会について」『地方税』2018 年
　　12 月号。

細井雅代（2021）「地方税の偏在是正をめぐる制度形成過程の分析」『日本地方財政
　　学会研究叢書　第 28 号　地方財政学会と地方財政研究』五絃舎。

第 3 章

地方財政における債務負担行為と
継続費の実態とあり方

浅 羽 隆 史

1. は じ め に

　地方財政で債務といえば，地方債が想起されるだろう。2020・21年度はコロ
ナ禍による歳出増・税収減で，地方債の増加が見込まれるものの，2015年度
から2019年度まで，地方財政全体の地方債残高は緩やかながら減少している。
しかし，地方財政の債務は地方債だけではない。地方財政白書では，実質的な
将来の財政負担として，地方債の他，債務負担行為を加えている（積立金を控
除）。債務負担行為の残高は，2010年度以降累増している（図3-1）。

　債務負担行為とは，地方自治体が複数年度にわたる支出の義務を負うものの
なかで，継続費を除くものと定義される。対外的に，複数年度にわたる契約や
債務の保証などを行う。継続費も地方自治体が複数年度契約を行うもので，契
約初年度の予算において，対象事業の総額と将来の各年度の支出（年割額）を
議決する。一方，債務負担行為では，期間と限度額（金額表示困難な場合は文字
で表示）を議決する。上述の通り地方財政白書では実質的な将来の財政負担に
債務負担行為を含めるが，継続費には触れていない。

　債務負担行為と継続費は，ともに債務と考えられるだけでなく，対外的に地
方自治体が複数年度契約を行うなど予算の単年度主義の例外という共通点をも

58

図 3-1　債務負担行為による翌年度以降支出額の推移（普通会計）

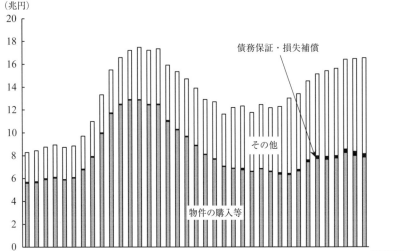

（注1）その他には「その他実質的な債務負担に係るもの」を含まない。
（注2）債務保証・損失補償には履行すべき額の確定したもののみを計上。
（出所）総務省『地方財政白書』，総務省「地方財政状況調査」より作成。

　つ。予算の単年度主義の例外には繰越明許費や事故繰越もあるが，財源措置されており繰越しそのものは債務とはいえない。また，地方財政白書で普通会計が負担すべき借入金には，普通会計負担分の企業債と交付税特会借入金も含まれているが，これらは予算の単年度主義の例外ではない。

　本章では，予算の単年度主義の例外でかつ債務性を有すると目される債務負担行為と継続費について分析する。地方債に比べ，債務負担行為や継続費の注目度は著しく低い。これは国も同様で，国庫債務負担行為や継続費について，財務省の諸統計は債務として認識すらしていない[1]。本章では，地方財政における債務負担行為と継続費の位置付けを検討したうえで，実態や問題点を明らかにする。とくに継続費は実態が不透明な為，都道府県と政令市の2020年度予算を例に実像に迫りたい。そして，地方財政における債務負担行為や継続費

<hr />

1)　詳しくは，浅羽（2021）を参照せよ。

のあり方について考える。

2. 債務負担行為・継続費の位置付け

2-1　意　　義

　債務負担行為と継続費は，繰越明許費とともに 1963 年の地方自治法改正によって，それまでの予算外の扱いから予算事項となった。まず，第 212 条第 1 項において「履行に数年度を要するものについては，予算の定めるところにより，その経費の総額及び年割額を定め，数年度にわたって支出することができる」とし，第 2 項で「前項の規定により支出することができる経費は，これを継続費という」と定義している。そして，第 213 条で繰越明許費，第 214 条において「歳出予算の金額，継続費の総額又は繰越明許費の金額の範囲内におけるものを除くほか，普通地方公共団体が債務を負担する行為をするには，予算で債務負担行為として定めておかなければならない。」として債務負担行為を規定している（電気や不動産賃貸など長期継続契約を除く）。

　債務負担行為と継続費を予算の単年度主義の例外とする主な理由は，複数年度契約による事業の安定化と費用削減にある。1 会計年度中に完成しない構造物の建設事業において，道路ならば区間を区切り各年度で契約しても問題は少ない。しかし，建屋の建設事業の場合，完成までに複数年掛かるのであれば，1 年度分に分割し契約するのは発注側・受注側いずれにとっても合理的ではないし不安定だろう。複数年度にわたる契約をした方が，事業の安定化や費用削減につながる可能性が極めて高い。このような場合に，債務負担行為や継続費が選択される。また，損失補償契約を締結する場合，自治体はその時点で支出金額が不明である。このようなケースに債務負担行為を活用すれば，複数年度の損失補償契約を結ぶことも可能となる。副次的な意義として，執行平準化や閑散期の工事量確保もある。

2-2　議決権との関係

　日本国憲法第 86 条では，「内閣は，毎会計年度の予算を作成し，国会に提出

して，その審議を受け議決を経なければならない。」として，予算の単年度主義を求めている。これは，議会の議決権，すなわち財政民主主義の確保から求められる。その例外としての債務負担行為と継続費について，議決権の観点から検討してみる。

　議決権との関係は，債務負担行為と継続費では異なる。国の継続費は，憲法違反の疑いを指摘されることがある。その背景として，大日本帝国憲法に継続費の規定があったものの[2]，日本国憲法にはないことがあげられる。規定を廃止した以上，継続費は当然認められないという考え方である。ただし，現在では合憲が通説とされており，例えば碓井（2006）は，「後の年度における修正が許容されていることにより，合憲と解釈したい」[3] としている。これは，国の継続費は事業初年度の議決に加え，財政法第14条の2第4項の規定により翌年度以降に各年度の年割額の改定が可能になっていることを指す。一方，地方自治体の継続費は，「違憲論は唱えられておらず，立法政策の問題と考えられている」[4]。そして，地方自治体では「過年度予算で継続費を設定」「している場合には，当該会計年度の予算の内容として重ねて継続費」「を計上する必要はない」[5] として，首長が補正を望まない限り事業開始後の予算書には計上されない。議決対象外の予算説明書で，継続費の前年度までの支出（見込）額，当該年度以降の支出予定額，事業の進行状況等が示されるだけである。立法政策の問題ということで憲法上の問題はクリアされても，議決権の確保という本質的な部分で望ましい形だろうか。

　債務負担行為は，少なくとも形式的に毎年度の支出額が議決される為，憲法上の問題は国庫債務負担行為でも意識されることは稀である。地方自治体においては，対象事業初年度の予算書で，一般的に「第3表　債務負担行為」（継続費を活用しない場合は第2表）において，事項，期間，限度額を明示し，「第1

---

2)　大日本帝国憲法第68条では，「特別ノ須要ニ因リ政府ハ予メ年限ヲ定メ継続費トシテ帝国議会ノ協賛ヲ求ムルコトヲ得」として，継続費の存在を明示している。

3)　碓井（2006），86ページ。

4)　森（2011a），255ページ。

5)　森（2011b），258ページ。

表　歳入歳出予算」に当該年度支出分を計上する。そして，議決対象外の予算説明書で，事項や限度額，前年度までの支出（見込）額（新規は記入なし），当該年度以降の支出予定期間と金額（年割額ではなく総額），財源内訳を示すことが，地方自治法施行規則で求められている。翌年度以降は，予算書の「第 1 表　歳入歳出予算」に当該年度支出分を計上し，予算説明書で事項，限度額，前年度までの支出（見込）額，当該年度以降の支出予定期間と金額，財源内訳が示される。ただし，事業最終年度は当該年度の支出分を予算計上するだけである。

　このように，債務負担行為は各年度の支出を歳出予算に組み込み議決を要する。その為，毎年度の議決権は確保され問題ないという解釈が一般的である。ただし，議決権の実質的な担保はできているのか，疑問の余地は残る。地方自治体が民間企業等と複数年度契約をした場合，仮に議会で 2 年度目以降の支出を否決しても契約は残る為，支払いは不可避である。既存の債務負担行為をゼロベースで議論するのは，現実的ではない。

2-3　債務としての位置付け

　債務の位置付けも，債務負担行為と継続費では異なる。総務省は地方財政の状況把握の為，毎年度「地方財政状況調査」を行う。地方財政状況調査の項目のひとつに，債務負担行為が含まれている。そして，地方財政状況調査に基づき作成されるもののひとつである地方財政白書では，上述の通り債務負担行為の翌年度以降支出予定額を実質的な債務としている。また，地方財政健全化法で地方自治体の財政状況を判断する健全化判断比率 4 指標においても，債務負担行為は債務と認識されている。4 指標のうち唯一のストック指標である将来負担比率では，下記の通り債務負担行為の地方財政法第 5 条分を地方債等と同じものとして数値を算定している。例えば文教施設について，債務負担行為を活用して整備した場合，将来負担比率の分子である将来負担額に支出予定額が加算される。

$$将来負担比率 = \frac{将来負担額 - 充当可能財源等}{標準財政規模 - 基準財政需要額算入額}$$

将来負担額：地方債現在高＋債務負担行為支出予定額（地財法5条分）＋公営企業債等繰入見込額＋組合・退職手当・設立法人負債額等・組合連結実質赤字額負担見込額＋連結実質赤字額

充当可能財源等：充当可能基金＋充当可能特定歳入＋基準財政需要額算入見込額

　一方，継続費は地方財政状況調査の項目に含まれていない。その為，地方財政白書における実質的な将来の財政負担に，継続費の支出予定額は含まない。また，将来負担比率についても分子の将来負担額に継続費の支出予定額は含まれていない。例えば厚生施設について継続費を活用し建設しても，翌年度以降の支出予定額は将来負担比率算定上無視される。翌年度以降の年割額まで議決することから，継続費の支出予定は債務負担行為より確実性が高い。にもかかわらず，債務負担行為の支出予定額は債務と捉えられているのに対し，継続費を無視しているのはおかしいだろう。

　地方自治体には，発生主義に基づく貸借対照表や行政コスト計算書など，財務書類の作成が求められている。「統一的な基準による地方公会計マニュアル（令和元年8月改訂）」によれば，地方自治体の債務負担行為のうち，確定債務は「固定負債の長期未払金」に，利子補給等やPFIでの施設整備の将来支払額については「注記の追加情報」への記載を求めており，総務省による債務負担行為が債務との認識を再確認できる。一方，継続費については繰越事業に係る将来の支出予定額に繰越明許費，事故繰越額に加えて継続費の逓次繰越額を含めるように求めるだけで，継続費の支出予定額には一切触れておらず，債務と認識されていない。

2-4　財政統制

　地方自治体の債務は，将来の住民にとって何らかの形で負担となる。健全性確保の為，地方税や国庫支出金などを財源とする支出よりも，厳しい財政統制を必要とする（表3-1）。債務負担行為や継続費は，地方債同様，予算に組み込

表 3-1　財政統制の違い

	議会による統制 （予算の議決）	地方財政健全化法 による統制	地方財政法による 統制
地方債	有	有	有
債務負担行為	有	有（一部無）	無
継続費	有	無	無

（注）債務負担行為の地方財政健全化法による統制は地方財政法第 5 条相当分のみ。また，債務負担行為には，自治省財務局長通知（1972）「債務負担行為の運用について」が別途現在でも有効である。

まれ事前決議の原則によって議会による統制が働く。

　債務負担行為は，地方財政健全化法施行（一部 2008 年 4 月，多くは 2009 年 4 月）以前の地方財政再建促進特別措置法では，事実上唯一の指標だった実質収支に含まれない為，「簿外債務」[6] との指摘もあった。だがそれも，地方財政健全化法によってストック指標に組み込まれ，限度額総額としての統制がかかるようになった。ただし，地方財政健全化法においても，観光施設やリース契約，損失補償など地方財政法第 5 条における適債事業以外のものは債務負担行為を活用しても加算されない。さらに，債務負担行為は地方債に準じた債務と認められる一方，地方債のような地方財政法に基づく対象や年限などの統制はない。

　継続費に関しては，上述の通り地方財政健全化法上債務と認められておらず，総額としての統制はかかっていない。もちろん，地方財政法による統制もかからない。その為，当該年度に支出するものと同様，議会における予算の議決だけが統制の手段である。

2-5　国との異同

　次に，債務負担行為と継続費について，上述以外で国の制度との異同を考えてみる。

　具体的な対象範囲は，債務負担行為・継続費ともに地方自治体と国ではかなり異なる。まず継続費について，地方自治体のなかで継続費を活用する場合，

---

6)　醍醐（1999），42 ページ。

一般的に国に比べその範囲が広い。例えば栃木県で2020年度当初予算に予算説明書で示された継続費は，後述のように，新設の大規模公共事業に加え，改修費など小規模公共事業，施設アドバイザリー業務委託費や庁舎設計費といった非公共事業にも活用されている。一方，東京都はじめ継続費を活用しない地方自治体も多い。国の継続費は日本国憲法が施行された1947年度に一般会計で利用されなくなった後，1952年度から1956年度まで建設省（当時）実施の公共事業（河川総合開発事業など），1952年度と1954年度に北海道開発庁（当時）の公共事業がそれぞれ継続費として計上された。1956年度から潜水艦建造で継続費を活用するようになり，その年度のみ公共事業とともに計上され，1957年度からは防衛庁（後に省）のみ活用している。2021年度当初予算では，潜水艦建造費と甲Ｖ型警備艦建造費のみが計上されている[7]。この他，特別会計において1947年度に国有鉄道事業特別会計の建設改良費が継続費として計上されたが，翌年度から国庫債務負担行為となり，以降特別会計に継続費は計上されていない。

　地方自治体の債務負担行為は，「物件の購入等に係るもの（以下，物件の購入等）」「債務保証または損失補償に係るもの（以下，債務保証・損失補償）」「その他」に分かれる。これに，「その他実質的な債務負担に係るもの（以下，その他実質的な債務負担）」を加えることもある。「令和元年度地方財政状況調査表作成要領（都道府県分）」によれば，物件の購入等は，「土地，建造物及びその他の物件の購入に係るもの並びに製造・工事の請負に係るもの」で，債務保証・損失補償は「地方三公社及びその他の法人に係るもの並びに共同発行債（住民参加型市場公募債による共同発行を含む。）の発行に伴う連帯債務に係るもの」，その他は物件の購入等と債務保証・損失補償「に計上した以外のもの」，そしてその他実質的な債務負担は「本来予算に基づいて行われるべき契約等（支払い

7）　国の2021年度当初予算における継続費は，2021年度新規が潜水艦建造費と甲Ｖ型警備艦建造費の各1件，既存契約分は潜水艦建造費4件と甲Ｖ型警備艦建造費の3件である。

に伴うもの）を予算に基づかず行った」[8] ものの計上を求めている。こうした地方の債務負担行為は，債務保証・損失補償分が国庫債務負担行為より範囲が広い。国の損失補償契約等及び債務保証契約は，国庫債務負担行為には含まれず予算総則で示される。国の予算は財政法第16条において「予算総則，歳入歳出予算，継続費，繰越明許費及び国庫債務負担行為」としたうえで，同第22条で予算総則について定め，損失補償契約等及び債務保証契約の限度額は第6項の「予算の執行に関し必要な事項」のひとつとして予算総則に計上される。一方，地方自治法第215条では，予算の構成内容を歳入歳出予算，継続費，繰越明許費，債務負担行為，地方債，一時借入金，歳出予算の各項の経費の金額の流用と定め，予算総則を求めていない。地方自治体の実際の予算書では，一般的に条文形式のものが冒頭にあるものの，第215条の項目を列挙しているだけである。財政法第16条第6項の「予算の執行に関し必要な事項」に相当するものはなく，債務保証・損失補償は債務負担行為に含める構造となっている。

　契約年数の上限の有無も，国と地方で異なっている。債務負担行為について，国庫債務負担行為では財政法第13条3項により原則最大5箇年度と上限があるものの，地方の債務負担行為にはない。ただし，国庫債務負担行為は国会の議決により5箇年度を超えることも可能で，例えばPFI活用事業で最大30箇年度，特定防衛調達では最大10箇年度のものもある（2020年度）。継続費の年限も，国は財政法の規定（第14条の2第2項）により原則最大5箇年度なのに対して，地方の継続費は地方自治法第212条で「数年」としているだけで，上限はない。国庫債務負担行為同様，国の継続費は国会の議決で年限の延長が可能だが，2021年度当初予算の継続費は原則通り最大5箇年度である。一方，上限のない都道府県と政令市では，最大23箇年度である[9]。

8）　総務省自治財政局財務調査課（2020），52ページ。なお，地方自治法，地方自治法施行令，地方自治法施行規則において，債務負担行為の内容に関する具体的な規定はなく，あくまで上述の地方自治法第214条の規定に基づく。

9）　新潟県の鵜川治水ダム事業で総額360億円，2003〜2025年度の23箇年度。次に長いのは，同じ新潟県の十日町病院改築事業で，総額140億円，2013〜2021年度の9箇年度である。

継続費を債務と明示していないのは，国も同様である。異なるのは，地方が
債務と認識している債務負担行為の支出予定額である。財務省による債務残高
を記載した統計集は様々あり，2021 年 2 月末に財務省 Web サイトで全文閲覧
できるもので，財政関係基礎データ，国債統計年報，債務管理リポートがある。
しかし，これらには継続費・国庫債務負担行為ともに一切触れられていない。
また，「財政法第 46 条に基づく国民への財政報告」の国の資産と負債の総覧で
も，掲載されていない。財務省の統計などで国庫債務負担行為や継続費につい
て触れていることを確認できるのは，「国の財務書類」である。ただし，その
なかの貸借対照表（BS）では，公債に加え，借入金，財政融資資金への預託金，
公的年金預り金などが負債に加わるが，国庫債務負担行為や継続費は含まれな
い。記載があるのは，注記である。注記は翌年度以降支出予定額として，歳出
予算の繰越し，継続費，国庫債務負担行為が掲載されている。ただし，すでに
財源措置済みの繰越しと，財源措置のない継続費・国庫債務負担行為を同列に
扱っており，債務に準じるものとしている訳ではない。

3. 債務負担行為の実態と課題

3-1 限 度 額

債務負担行為の限度額の総額は，2019 年度に地方財政全体（普通会計）で
506 兆円にのぼる。これは，普通会計の歳出決算額（99.7 兆円）の 5 倍強である。
しかも，2003 年度には 46 兆円に過ぎなかったものが，翌年度以降急激に増加
している。2019 年度における限度額の総額のうち 470 兆円は，債務保証・損
失補償である。なかでも，共同発行市場公募地方債の影響が大きい。共同発行
市場公募地方債は，地方分権や財投改革の進展に伴い，市場公募地方債発行
27 団体（当時）が年間に共同発行する地方債全額を連名で連帯債務を負う方式
で，2003 年 4 月から発行が開始された。連帯債務者となる各地方自治体が債
務のすべてに履行責任を負う為，発行額や発行体が増加すれば，債務負担行為
の債務保証・損失補償は急激に膨張する。2020 年度は，36 団体が 1 兆 2060 億
円を共同発行した。2019 年度の債務保証・損失補償の債務負担行為限度額は，

例えば関東の 1 都 6 県をみれば，共同発行市場公募地方債に参加していない栃木県，群馬県，東京都はそれぞれ884億円，47億円，8844億円であるのに対し，初年度から参加の茨城県，埼玉県，千葉県，神奈川県がそれぞれ15.0兆円，14.8兆円，14.8兆円，14.3兆円と巨額である。ただし，これまで共同発行市場公募地方債が債務不履行になった例はなく，実際の財政支出はない。

　債務保証・損失補償の内容は，多岐にわたる。例えば埼玉県の 2020 年度当初予算では，共同発行市場公募地方債を含め新規分 27 件，既存分 258 件が計上されている[10]。なかには実際に支出するものもあるが，後述の通りその額は多くない。そこで，債務保証・損失補償を除いてみてみよう（図 3-2）。

　債務保証・損失補償を除く債務負担行為の限度額は，公共事業が中心の「物件の購入等」と施設の管理運営委託や事務用機器借入など多岐にわたる「その他」に分かれる。このうちその他は，施設管理の外注化やリース契約の高まりなどから，ほぼ一貫して増加傾向にある。地方財政全体の普通会計でみて2000 年度の 9.3 兆円が，2019 年度には 17.5 兆円と 2 倍近い規模になっている。一方，物件の購入等は公共事業の多寡に影響される。2000 年代に公共事業は国・地方ともに減少傾向で，物件の購入等の限度額も減少している。ただし，公共事業に比べ物件の購入等の限度額における減少幅は小さい（図 3-3）。2000年度を 100 とすると，2000 年度以降で投資的経費が最少だった 2011 年度は54.4 だったのに対し，物件の購入等の限度額は同年度 77.1 にとどまった。また，2012 年度からは投資的経費も増加基調で 2019 年度には 2000 年度の 67.2 ％まで戻す一方，物件の購入等の増加はそれを上回り 95.7 ％になっている。これは，公共事業で債務負担行為活用事業の増加を意味する。対象事業が一致しないので参考値に過ぎないが，物件の購入等の限度額は，2000 年度に投資的経費の79.8 ％だったが，2019 年度は 118.4 ％である。

　このように，債務保証・損失補償を除く債務負担行為の限度額は，2005 年度以降増加基調にある。こうした傾向は，国庫債務負担行為の総額の動きと比

---

10)　小規模事業資金損失補償のように，同一内容で保証する年度が異なる場合は別件として取り扱われている。資料は『令和 2 年度埼玉県一般会計予算説明書』。

図 3-2　債務負担行為限度額の推移（普通会計，債務保証等を除く）

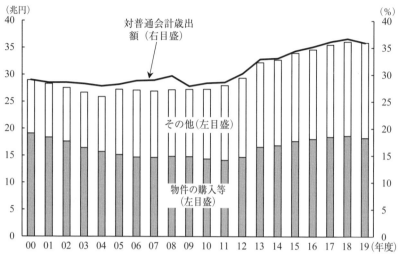

（注 1 ）　その他には「その他実質的な債務負担に係るもの」を含む（以下の図同じ）。
（注 2 ）　物件の購入等の 2018 年度について，盛岡地区広域消防組合の金額が原データでは 12 兆
3800 億円だが，明らかな誤りなので 123 億 8000 万円に修正している（以下の図同じ）。
（出所）　総務省『地方財政統計年報』，総務省「地方財政状況調査」より作成。

図 3-3　物件の購入等の債務負担行為限度額と投資的経費の推移（普通会計）

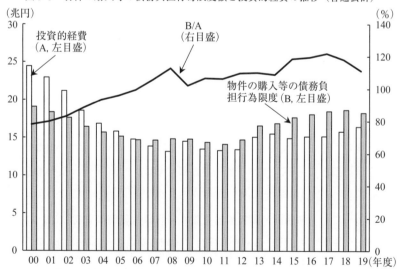

（注）　投資的経費は，普通建設事業費，災害復旧事業費，失業対策事業費の合計。
（出所）　総務省『地方財政統計年報』，総務省「地方財政状況調査」より作成。

較的類似している。国庫債務負担行為は 1996 年度に一度ピークを記録し減少に転じ，2004 年度を底にその後，地方の債務負担行為より急な勢いで膨張している[11]。

3-2　債務負担行為の歳出化による財政の硬直化

　債務負担行為の欠点のひとつに，財政の硬直化をあげることができる。債務負担行為の決定翌年度以降の支出が，限度額という形ながら事実上決まってしまう。地方財政は，国と比較して支出が硬直的になりがちである。まず，財源の限界がある。法定外税の導入には厳しい制限があり，税率の変更も地方消費税など不可能なものや法人事業税のように上限が課せられているものも多い。市町村民税や道府県民税の個人所得割のような上限のない税目もあるが，地方自治体間の移動は比較的容易であり，高い税率を課すことは実質的に厳しい[12]。起債についても，原則として地方財政法第 5 条の適債事業に限定されたうえで総額に縛りがかかり，第 5 条の対象以外の起債も含め自由にはできない。歳出についても義務的な支出が多くを占めており，経常収支比率は 2019 年度で 93.4%（地方財政全体）にのぼる。

　こうした状況下で，債務負担行為による後年度の支出は政策の柔軟性を奪いかねない。債務負担行為に関する地方財政全体の 2019 年度支出額は 4.6 兆円で，財源は国庫支出金等が 0.8 兆円，地方債 1.0 兆円，そして一般財源が 2.3 兆円と約 5 割を占める（残りはその他 0.5 兆円）。債務負担行為が膨張し後年度支出額が増加すれば，財政の硬直化は避けがたい。

　2000 年度以降の債務負担行為による各年度の支出額は，物件の購入等が

---

11)　一般会計と特別会計の合計で当初予算。資料は各年度の『財政法第 28 条等による予算参考書類』による。

12)　2019 年度に超過課税しているのは，神奈川県（水源環境の保全・再生の為）と豊岡市（兵庫県，都市計画税廃止の代替措置）だけで，しかも税率は 0.025% ポイントと 0.1% ポイントの上乗せに過ぎない。また，一定税率の税目以外の下限はないが，起債が同意制から許可制になる不利益がある為，標準税率を下回る税率の設定は市町村民税（所得割）では名古屋市（愛知県）と田尻町（大阪府）のみである。

2008 年度まで減少傾向で 2014 年度から増加傾向となっている（図 3-4）。一方，その他は一貫して増加傾向にある。債務保証・損失補償は，リーマン・ショック後と東日本大震災後に増加した。合計額は 2015 年度の 2.5 兆円を底に，2019 年度は 4.6 兆円まで増加している。2000 年度以降の債務負担行為による各年度の支出額の普通会計歳出総額比は，2005 年度まで低下傾向で 2.7% まで下がったが，以降は上昇に転じて 2019 年度は 4.6% であった。この数値は，債務負担行為による効率性と利便性を鑑みれば，それほど深刻に受け止めるべき水準ではない。問題は，今後も上昇を続ける場合と個別の地方自治体をみた場合である。地方財政状況調査によれば，2019 年度普通会計決算において，92市町村が債務保証・損失補償を含め限度額ゼロである。また，債務負担行為はあっても 2019 年度に支出のなかった市町村が 35 ある。そして，債務負担行為による 2019 年度支出額の歳出総額に占める比率が 10% 未満の市区町村は，活用していない自治体を含め 1,517 と全体の 94.4% となる（図 3-5）。つまり，大

図 3-4　債務負担行為の各年度支出額の推移（普通会計）

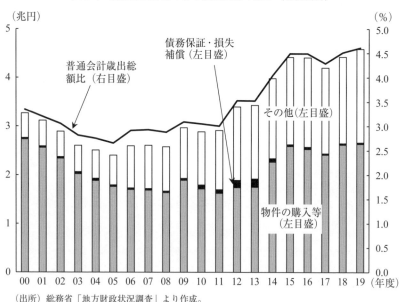

（出所）総務省「地方財政状況調査」より作成。

図 3-5　債務負担行為による 2019 年度支出額の歳出総額比別の市区町村数

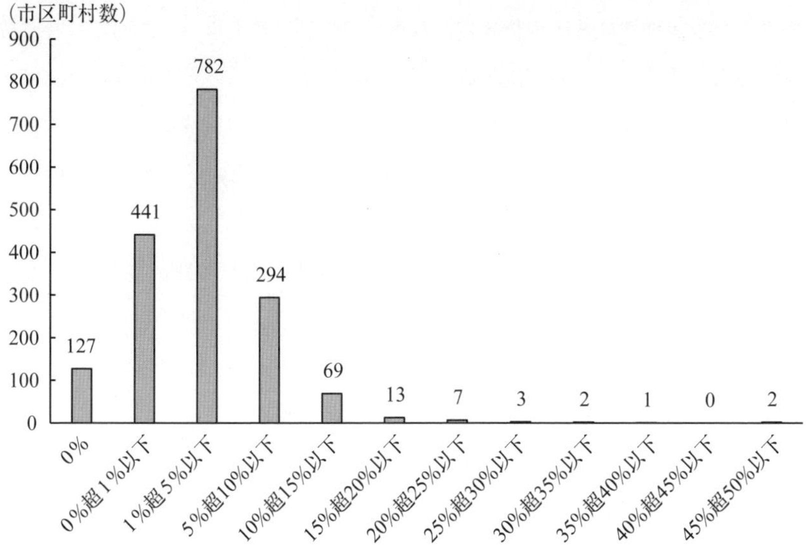

（出所）総務省「地方財政状況調査」より作成。

　多数の市区町村にとって債務負担行為による財政の硬直化は，問題視する水準ではない。一方，歳出総額の 10% 以上の市区町村は 97 あり，なかでも 20% 超となり財政の硬直化が大いに懸念される市町村が 15，しかも 45% 超に達する自治体まで 2 ある。

　2019 年度普通会計において，都道府県はすべて債務負担行為を活用している。都道府県における債務負担行為による各年度の支出額の歳出総額比は，2019 年度で 3.5% だった。市町村ほどの差はないが，0.3% から 18.2% と一定程度の違いが存在することも事実である。詳しくは，継続費の節でみる。

3-3　財政の硬直化が懸念される市町村

　債務負担行為による 2019 年度の支出額の歳出総額比が 20% 超と非常に高い市町村について，その原因と問題の有無を探ってみよう。対象は 5 市 7 町 3 村で，規模の小さい自治体が多く，市も一般市のみである（表 3-2）。

　対象 15 市町村のなかで，南三陸町（宮城県），気仙沼市（宮城県），陸前高田

市（岩手県），大槌町（岩手県），亘理町（宮城県）は，特定被災地方公共団体であり[13]，震災関連経費への債務負担行為活用の影響が大きい。ただし，特定被災地方公共団体だから必ず債務負担行為の活用が多いという訳ではない。例えば東日本大震災の被害が甚大だった石巻市（宮城県）は継続費が多用され[14]，債務負担行為による支出額の歳出総額比は1.3％に過ぎない。また，上記の亘理町（宮城県）は防災集団移転促進事業費など震災関連経費が減少していたものの，やはり震災関連経費である役場庁舎や保健福祉センターの建設事業を2018年度に開始し数値が再び急上昇した。

　次に，元々債務負担行為による支出額は少ないものの，財政規模の小さい町村が大規模公共工事に債務負担行為を活用して数値が急上昇したケースをあげることができる。下北山村（奈良県）は保・小・中合同校舎の本体工事が2019年度に開始，西粟倉村（岡山県）が「学び発表の場，庁舎」建設事業を2017年度スタート，安田町（高知県）は2019年度から庁舎建設，長洲町（熊本県）は地域優良賃貸住宅の整備，伊平屋村（沖縄県）が新伊平屋村製糖工場建設などである。小規模自治体の宿命かもしれない。

　一般市だが人口規模の小さい糸魚川市（新潟県）と宇佐市（大分）も，類似した状況にある。糸魚川市（2020年1月1日住民基本台帳人口4.2万人）は，2018年度から3箇年度で限度額11.1億円（2018年度は支出なし）の次期一般廃棄物最終処分場整備事業や限度額65.0億円にのぼる2016年度からの4箇年度（2016・17年度は支出なし）の次期ごみ処理施設整備運営事業（建設工事）といった大型公共事業に債務負担行為を活用し，2019年度の支出額が多額にのぼった。宇佐市（同5.6万人）も，新庁舎建設事業や安心院地域複合支所建設事業が多額にのぼった。

　元々債務負担行為による支出が多く，2019年度はさらに高い数値となって

---

13)　特定被災地方公共団体とは，東日本大震災に対処する為の特別の財政援助及び助成に関する法律に基づいて指定された市町村のことで，2020年度において227市町村ある。

14)　石巻市の2019年度一般会計当初予算（歳出総額1796億円）では，34件（うち新規5件），総額1483億円の継続費が計上されている。

いる小規模自治体の例として，与論町（鹿児島県）をあげることができる。与論町は，数多くの施設の指定管理委託や様々な賃貸借などを複数年度契約で実施し，高い水準で債務負担行為を活用している[15]。そこに庁舎建設事業とシステム整備が加わることで，2019年度の高い支出額になった。複数年度契約による効率化の一方，財政の柔軟性に十分な注意が必要であろう。飯豊町（山形県）も与論町ほどではないが，継続的に債務負担行為による支出額が多い。2016年度は第一小学校改築事業，2018年度以降は新産業集積事業，椿住宅団地整備事業，飯豊中学校大規模改修事業などにより支出額が拡大している。

　摂津市（大阪府）も，与論町と同様である。2019年度の数値は特別だが，元々債務負担行為が幅広く活用され，債務負担行為による各年度の支出額は大きい。2019年度一般会計当初予算では，債務負担行為が73件（うち新規13件）あり，限度額の総額は158.6億円（同20.8億円）にのぼる。しかも，これには

表3-2　債務負担行為各年度支出額の歳出総額比（普通会計，決算）

（単位：％）

市町村	特定被災	2013	14	15	16	17	18	19年度
陸前高田市（岩手県）	○	27.3	32.3	45.7	42.9	0.0	56.4	49.1
大　槌　町（岩手県）	○	6.0	17.6	31.9	21.3	52.2	11.1	22.5
気仙沼市（宮城県）	○	3.3	23.4	21.8	26.9	18.6	25.6	23.8
亘　理　町（宮城県）	○	5.4	19.8	2.5	6.5	1.7	11.0	21.5
南三陸町（宮城県）	○	3.7	24.3	39.1	51.0	36.5	29.9	46.2
飯　豊　町（山形県）		2.0	17.3	10.9	17.9	1.6	14.7	32.9
糸魚川市（新潟県）		11.7	9.9	4.7	1.3	2.4	5.2	21.5
摂　津　市（大阪府）		10.1	10.1	9.9	8.7	9.6	10.4	30.8
下北山村（奈良県）		0.9	3.2	6.3	3.0	1.0	0.7	25.6
西粟倉村（岡山県）		0.0	0.0	0.0	0.0	6.0	21.8	30.0
安　田　町（高知県）		0.2	5.2	0.3	1.2	1.3	4.2	26.7
長　洲　町（熊本県）		3.4	4.3	3.9	3.9	4.2	13.9	20.8
宇　佐　市（大分県）		4.3	7.4	9.9	5.2	10.2	11.9	20.7
与　論　町（鹿児島県）		6.1	0.2	10.9	14.4	1.9	10.2	23.0
伊平屋村（沖縄県）		0.0	0.0	0.0	10.4	3.9	24.2	36.7

　　（注）特定被災は，東日本大震災に対処する為の特別の財政援助及び助成に関する法律に基づいて指定された特定被災地方公共団体のこと。
　　（出所）総務省「地方財政状況調査」より作成。

15）　与論町の2019年度一般会計では，債務負担行為40件，限度額総額17.9億円を計上している。また，2014年度から6箇年度で総額4.6億円の多目的運動広場整備事業が，継続費で計上されている。

債務保証・損失補償が含まれていない。摂津市の 2019 年度一般会計当初予算
歳出総額の 372.2 億円と比べても，かなりの規模といえる。内容は多岐にわた
り，公共事業（新味舌体育館（仮称）建設事業など）や各種施設の維持管理を指定
管理者へ委託する事業（コミュニティセンター指定管理事業など）の他，郵送機器
借上事業をはじめとするリース事業，納税通知書等印刷及び封入封緘事業や固
定資産税路線価付設業務といった税関連事業，人事管理事業や新修摂津市史刊
行事業といった事業も債務負担行為が活用されている。行政コスト削減を目指
し，大阪という民間事業者が多数存在する地域だからこそ可能な姿といえるが，
予算の柔軟性確保も重要である。

4. 継続費の実態と課題

4-1 概　　要

継続費の実態を調べるうえで，最大の壁は地方財政状況調査の対象外という
ことである。その為，個々の地方自治体のものに加え地方財政全体としても網
羅的なデータを得ることができない。そこで，2020 年度一般会計当初予算に
限定し，継続費の新規分と既存分を都道府県と政令市について調査した（表3-
3）。ただし，普通会計ではない為，厳密な意味での自治体間比較や過去との比
較も困難な点に留意すべきである。

まず，都道府県をみると，2020 年度一般会計当初予算において継続費を活
用しているのは 13 県で[16]，そのうち 2 県は既存分だけだった。つまり，継続
費の活用は都道府県で少数派だということがわかる。継続費活用 13 県に，共
通点を見出すのは困難である。財政力，人口，政令市の有無，産業構造など多
様である。地域の偏りも見出せず，あえていえば北陸 4 県で石川県以外の 3 県
での活用と，近畿圏を含まないこと程度であろう。

継続費活用 13 県のなかで，事項件数は神奈川県の 42 件（うち新規 25 件）と

---

16) 一般会計で継続費を活用していないが，特別会計で活用している可能性は残る。
また，2020 年度より以前に活用していた可能性を否定するものでもない。同じことは，
政令市についても当てはまる。

栃木県の 31 件（同 18 件）が目立つ。逆に山梨県の 4 件（同 1 件）はじめ総事項
件数 10 件未満が 6 県あり，13 県の平均件数は 12.5 件である。総額の最大は新
潟県の 888 億円で，佐賀県の 607 億円，福島県 495 億円が続く。1 件当たりの
金額は，新潟県の 126.9 億円が飛び抜けて大きく，2 番目の佐賀県の 55.2 億円
と比べ 2 倍以上，13 県加重平均の 5 倍弱にのぼる。逆に小さいのは，栃木県
の 9.0 億円，神奈川県 10.2 億円，徳島県 12.8 億円である。継続費の期間でも，
新潟県は群を抜いて長く，13 県全体と比べ単純平均で 3 倍弱，加重平均は 2
倍強である。期間が短いのは，富山県と神奈川県である。新潟県は継続費の初
年度の支出が少なく，後年度の支出比率が 99.7%と最も高い。この他，佐賀県，
山梨県，福井県が 9 割超で，負担の先送りを注意する必要がある。

　継続費活用事業による 2020 年度一般会計当初予算の歳出計上額は，13 県合
計 1026 億円である。13 県の一般会計歳出総額は 11 兆 4743 億円の為，継続費
活用事業の当該年度支出分は 0.9%に過ぎず，歳出の硬直化とはいえないだろ
う。2021 年度以降の議決済み支出額は 1835 億円で実質的な債務だが，歳出総
額と比較して問題視すべき規模ではない。ただし，最大の佐賀県（401 億円）
には，留意すべきだろう。

　20 ある政令市で，新規分・既存分問わず 2020 年度一般会計当初予算におい
て継続費を活用しているのは，さいたま市，千葉市，相模原市，静岡市の 4 市
のみである。政令市における継続費活用の有無と，所在する都道府県の活用の
有無に関連性は見出せない。

　継続費活用 4 市のなかで，件数，総額ともに最大はさいたま市である。事業
規模でも，総額 0.2 億円の岩槻本町保育園建替設計事業（2020〜21 年度）から
総額 40 億円の道場三室線（仮称）西堀日向トンネル築造事業（2019〜22 年度）
まで幅が広い。小規模事業が多い為，1 件当たり金額は 4 市中最低である。し
かも栃木県と同様，東楽園再整備基本設計事業（総額 0.4 億円，2019〜20 年度）
のような起債に頼らない非公共事業を含む。さいたま市に次ぐ件数，規模は千
葉市である。すべて地方債を財源の一部とする公共事業だが，大宮町第 1 団地
解体事業（総額 1.1 億円，2020〜21 年度）と旧花見川小学校解体事業（総額 3.2 億円，

表 3-3　都道府県・政令市における継続費の活用状況（2020 年度一般会計当初予算）

自治体名	件数	うち20年度新規	総額（億円）	既支出額（億円）	20年度支出 額（億円）	歳出総額比（%）	21年度以降 支出額	1件当たり 額（億円）	平均期間（箇年度）単純平均	平均期間（箇年度）加重平均	初年度支出 額（億円）	後年度支出 額（億円）	後年度比率（%）
青森県	11	4	189	13	57	0.8	110	17.2	2.9	3.7	34	155	82.0
秋田県	12	12	423	143	115	2.0	165	35.3	3.3	3.9	106	317	75.0
福島県	11	3	495	341	79	0.5	75	45.0	4.1	4.4	116	379	76.7
栃木県	31	18	278	138	61	0.7	78	9.0	2.5	3.7	65	212	76.4
埼玉県	10	4	282	106	62	0.3	114	28.2	2.7	3.1	43	239	84.7
神奈川県	42	25	430	105	190	1.0	135	10.2	2.2	2.8	68	362	84.3
新潟県	7	0	888	403	101	0.8	281	126.9	8.9	13.3	3	885	99.7
富山県	5	3	124	10	51	0.9	62	24.7	2.2	2.6	36	87	70.5
福井県	7	1	344	57	58	1.2	230	49.2	4.0	4.8	29	315	91.4
山梨県	4	1	113	63	24	0.5	27	28.3	3.3	3.7	7	106	93.9
鳥取県	6	6	210	134	26	0.8	50	35.1	3.2	6.8	41	169	80.4
徳島県	6	0	77	21	33	0.7	23	12.8	3.0	3.0	16	61	78.9
佐賀県	11	5	607	36	169	3.5	401	55.2	3.2	4.0	22	585	96.4
計	163	69	4,460	1,491	1,026	0.9	1,835	27.4	3.1	5.8	587	3,872	86.8
さいたま市	38	24	267	36	106	1.9	116	7.0	2.4	2.9	56	212	79.2
千葉市	20	5	174	44	62	1.3	69	8.7	2.4	2.7	50	124	71.0
相模原市	1	0	70	43	28	0.9	0	70.5	4.0	4.0	0	70	100.0
静岡市	10	5	164	7	49	1.5	109	16.4	2.4	3.7	21	144	87.4
計	69	34	676	130	244	1.5	293	9.8	2.4	3.2	127	550	81.3

（注）上記以外の 34 都道府県 16 市は、既存分を含め 2020 年度一般会計当初予算における継続費の活用がなかった。
（出所）各県市予算書、予算説明書より作成。

2019〜20年度）という小規模解体事業を含む為，さいたま市に準じて1件当たり額が小さい。

4-2　目的別内訳

　都道府県の継続費について，対象事業を目的別分類で分析してみよう（表3-4）。「令和元年度都道府県普通会計決算の概要」（2020年11月30日，総務省）での大規模費目は，いずれかの県で継続費が活用されており，活用されていないのは労働費（歳出の0.3％），災害復旧費（同1.2％），公債費（同13.5％），その他（同8.5％）だけである。継続費活用費目のなかで，件数，総額ともに最大は教育費である。10県で継続費が活用されており，継続費活用の総件数163件の半数近くの75件が教育費である。とくに2020年度新規分は，総件数69件のうち教育費が38件と過半を占める。都道府県別では，神奈川県がとくに多い。教育費の特徴は，期間が短く1件当たりの金額も大きくないことである。内容は，比較的多くの県で活用されている高等学校費（校舎整備など）や特別支援学校費（寄宿舎整備など）に加え，保健体育費（栃木県や佐賀県）や社会教育費（徳島県の県立博物館新常設展構築事業），教育総務費（埼玉県の教育関係庁舎解体事業費）もある。

　件数，総額ともに教育費に次ぐ規模は，土木費である。土木費の特徴は，1件当たり53.8億円の大きさと単純平均4.8箇年度の期間の長さである。また，期間の長さを反映して，後年度支出比率も最も高い。土木費は，継続費として最も適当な費目と思われ，新潟県のように継続費の活用は土木費のみという県もある一方，活用は7県にとどまる。

　これらに次ぐ件数は，ともに8県で活用されている総務費と警察費である。総務費では富山県の庁舎建設事業費や鳥取県の防災行政無線一斉指令システム等更新事業など，警察費は青森県はじめ警察署庁舎建設費が多く見られる。総額で総務費に次ぐ規模は，農林水産業費である。農林水産業費は，1件当たり金額及び期間が土木費に次ぐ大きさ・長さである。ただしそれも，鳥取県の特定漁港漁場整備事業（総額165億円，8箇年度）と佐賀県の食肉センター施設設

表3-4　都道府県・政令市における継続費の目的別内訳（2020年度一般会計当初予算）

	費目（款）	件数	うち20年度新規	総額（億円）	1件当たり額（億円）	平均期間（箇年度）	初年度支出額（億円）	後年度支出額（億円）	後年度比率（%）	活用県市
都道府県	教育費	75	38	1,524	20.3	2.7	229	1,254	82.3	青森・秋田・福島・栃木・埼玉・神奈川・福井・山梨・徳島・佐賀
	土木費	26	5	1,398	53.8	4.8	99	1,298	92.9	青森・栃木・神奈川・新潟・福井・徳島・佐賀
	総務費	17	5	603	35.4	2.9	105	497	82.5	秋田・福島・栃木・埼玉・神奈川・富山・鳥取・佐賀
	警察費	14	5	271	19.3	2.9	37	234	86.4	青森・秋田・栃木・埼玉・神奈川・富山・山梨・佐賀
	衛生費	10	5	115	11.5	2.2	47	69	59.6	福島・栃木・埼玉・神奈川
	農林水産業費	9	2	339	37.7	3.6	46	293	86.4	青森・福島・神奈川・富山・鳥取・徳島・佐賀
	民生費	8	5	87	10.9	2.4	8	79	90.9	秋田・福島・栃木・埼玉・神奈川・佐賀
	商工費	4	4	123	30.6	3.0	16	107	87.2	福島・埼玉・富山・山梨
	計	163	69	4,460	27.4	3.1	587	3,832	85.9	
政令市	教育費	27	16	178	6.6	2.1	55	123	69.1	さいたま・千葉・静岡
	土木費	21	10	198	9.4	2.7	39	159	80.1	さいたま・千葉
	民生費	9	3	30	3.3	2.2	10	20	66.1	さいたま・千葉・静岡
	消防費	6	3	42	7.0	2.2	7	35	82.6	さいたま・千葉・静岡
	総務費	3	1	71	23.8	2.3	11	61	84.7	さいたま・千葉・静岡
	衛生費	3	1	157	52.2	3.7	4	153	97.5	さいたま・相模原・静岡
	計	69	34	676	9.8	2.4	127	550	81.3	

（注）平均期間は単純平均。
（出所）各県市予算書，予算説明書より作成。

備整備事業（総額52億円，3箇年度[17]）が，平均額等を大きく引き上げており，他はそこまで大規模な事業ではない。一方，継続費の期間が短いのは衛生費の2.2箇年度で，後年度支出比率も59.6％にとどまっている。また，衛生費での継続費活用は，商工費とともに4県にとどまる。

政令市では，さいたま市での多岐にわたる活用が目立つ。千葉市でも，幅広

---

17)　2019年度から2022年度の事業だが，2020年度の年割額が0円すらなく空欄の為3箇年度としている。

い費目での継続費の活用が確認できる。静岡市は，全 10 件のうち 5 件を教育費（小学校費・社会教育費）で占め，土木費の活用がない。相模原市は北清掃工場基幹的設備等改良事業のみで，総額 70.5 億円，2017〜20 年度の大型案件である。本事業の問題は，初年度の支出ゼロという点である。相模原市は，債務負担行為での物件の購入等で地方債を財源とするものがなく，2019 年度普通会計で政令市中最少という特徴もある。

4-3　債務負担行為との関係

　債務負担行為と継続費の関係を検証してみよう。まず，債務負担行為の少ない都道府県は必ず継続費が多いという訳ではない。例えば 2019 年度普通会計決算で債務負担行為による 2019 年度支出額の歳出総額比が最低の京都府（0.3％）は，一般会計での継続費の活用がないが，次に低い福井県（0.5％）は活用している。一方，同比率が最高の岩手県（18.2％）は継続費の活用がないが，次に高い福島県（11.4％）は継続費を活用している。

　一方，継続費活用 13 県は，債務負担行為の活用規模が小さいという共通点がある。ただし，継続費活用 13 県のうち，東日本大震災からの復興関連の公共事業[18]が多額の福島県は，債務負担行為による 2019 年度支出額の歳出総額比が同じく被災地で大規模復興関連公共事業の多い岩手に次ぐ大きさである。その為，福島県を除いた 12 県でみると，債務負担行為による 2019 年度支出額の歳出総額比は 1.9％で，47 都道府県の 3.5％はもちろん，継続費活用 13 県（福島県を含む）と岩手県を除いた 33 都道府県の 3.3％より大幅に低い（表 3-5）。また，継続費の対象になりやすい物件の購入等に限定すれば，継続費活用 12 県（福島県は含まない）は 1.0％（福井県の 0.0％〜山梨県の 2.2％）と，47 都道府県の 2.7％や継続費活用 13 県（福島県を含む）と岩手県を除いた 33 都道府県

---

18)　新規分に限定しても，2020 年度一般会計当初予算で債務負担行為を活用する復興関連の公共事業として，復興基盤総合整備事業（各地区全 8 件，限度額 0.6〜5 億円），道路橋りょう整備工事（再生・復興，全 6 件，同 3〜44 億円），河川事業費（再生・復興，同 0.1 億円），公共災害復旧費（再生・復興，2 件，同 0.9・66 億円），帰還者向け災害公営住宅等整備促進費（同 26 億円），などがある。

表3-5　継続費活用県等の債務負担行為による2019年度支出額（普通会計決算）

（単位：％）

	債務負担行為による2019年度支出額歳出総額比			普通建設事業費歳出総額比
	合計	うち物件購入等	うちその他	
継続費活用（除く福島）12県	1.9	1.0	0.8	16.2
同非活用（除く岩手）33都道府県	3.3	2.6	0.6	15.8
岩手県・福島県	14.3	12.3	1.9	21.6
47都道府県	3.5	2.7	0.7	16.1

　（注）債務負担行為は，物件の購入等，債務保証又は損失補償，その他で構成されている。
（出所）総務省「地方財政状況調査」より作成。

の2.7％の3分の1程度にとどまる。

　つまり，大規模公共事業などを継続費で計上する為，債務負担行為が圧縮されている。なお，2019年度決算で歳出総額に占める普通建設事業費の割合は，継続費活用12県（福島県を除く）が16.2％で，33都道府県の15.8％と同水準である。

4-4　新潟県・栃木県・佐賀県

　2020年度一般会計当初予算における継続費活用13県のなかから，特徴のある新潟県，栃木県，そして佐賀県について取りあげてみよう。

　まず新潟県の継続費は，7件のすべてが大規模かつ長期の土木費の公共事業である。鵜川治水ダム事業費（2003〜25年度）の360億円や県央基幹病院新築事業（2018〜22年度）の221億円，十日町病院改築事業（2013〜21年度）の140億円など，大型事業が並ぶ。最小規模の事業でも，県道新発田津川線緊急地方道路整備事業（白川大橋，2018〜2022年度）の21億円である。また，債務負担行為の物件の購入等における2019年度支出額の歳出総額比は0.3％で，47都道府県で3番目に低い。これは，大規模公共事業に継続費を活用，その他は債務負担行為と使い分けた結果である。実際，2019年度普通会計決算で普通建設事業費は22.5％を占め，47都道府県平均の16.1％を大きく上回り，公共事業が少ない訳ではない。長期事業が多い影響もあるが，継続費の後年度負担比率99.7％の高さや初年度ゼロの事業の多さは問題である。

　栃木県は，多様な事業に継続費を活用している（表3-6）。例えば教育費では，他県でも散見される新校舎等整備費から，新青少年教育施設アドバイザリー業務委託費（総額0.4億円，2018〜20年度）のように小規模かつ起債に一切頼らない非公共事業まで含まれる。同様に総務費市町村振興費でも，水道広域化推進

表3-6　栃木県2020年度一般会計当初予算における継続費

款	項	事業名	総額（億円）	期間（箇年度）	後年度支出比率（%）	款	項	事業名	総額（億円）	期間（箇年度）	後年度支出比率（%）
教育費	高等学校費	足利高・足利女子高新校舎等整備費	2.6	2	70.0	衛生費	環境対策費	県南体育館省エネ設備整備費	0.6	2	20.0
		足利高・足利女子高仮校舎整備費	0.6	2	70.0			河内庁舎省エネ設備整備費	0.6	2	60.0
		宇都宮中央女子高新校トイレ改修費	2.4	3	88.8			健康の森省エネ設備整備費	0.3	2	50.0
		宇都宮中央女子高新校第二体育館整備費	4.9	3	91.0			衛生福祉大学校省エネ設備整備費	0.6	2	70.0
		宇都宮中央女子高新校弓道場整備費	0.4	2	60.0			温水プール館省エネ設備整備費	0.9	2	70.0
	社会教育費	新青少年教育施設アドバイザリー業務委託費	0.4	3	65.0			今市警察署省エネ設備整備費	0.2	2	60.0
	保健体育費	日光霧降アイスアリーナ漏水対策費	3.1	3	73.6	土木費	都市計画費	総合スポーツゾーン新武道館建設費	64.1	5	51.7
		射撃場改修費	6.8	3	80.0			総合スポーツゾーン既存施設改修費	43.1	5	74.4
		射撃場環境整備費	7.2	2	60.0			県南体育館特定天井落下防止改修費	4.3	2	30.0
		日光霧降アイスアリーナ音響設備改修費	22.6	5	98.6		土木管理費	とちぎ健康づくりセンター特定天井落下防止改修費	1.0	2	30.0
		日光霧降アイスアリーナ製氷設備等改修費	0.8	2	90.0			温水プール館特定天井落下防止改修費	2.8	2	70.0
		温水プール館送風機等改修費	7.0	2	75.4	総務費	総務管理費	那須庁舎設計費	1.5	2	45.9
		日光霧降アイスアリーナ暖房設備改修費	0.9	2	80.0			那須庁舎建設費	40.4	3	99.0
		グリーンスタジアムメイングラウンド芝生改修費	1.3	2	60.0		市町村振興費	水道広域化推進プラン策定費	0.4	3	71.8
警察費	警察管理費	宇都宮東警察署庁舎建設費	37.9	3	91.2	民生費	児童福祉費	児童相談所整備費	5.3	3	66.0
		宇都宮地区独身寮建設費	12.8	2	90.0	計			277.8	3.7	76.4

（注）2020年度新規分だけでなく既存分で2020年度に支出のある事業を含む。期間の計は加重平均。

（出所）栃木県『令和元年度県議会　第362回通常会議提出予算案（1）説明書』より作成。

プラン策定費（総額 0.4 億円，2020〜22 年度）が非公共事業で継続費を活用している[19]。公共事業でも，今市警察署省エネ設備整備費（総額 0.2 億円，2020〜21 年度）や健康の森省エネ設備整備費（総額 0.3 億円，2020〜21 年度）など，小規模事業が散見される。栃木県の場合，継続費の財源にも特徴がある。多くの地方自治体における継続費では，対象が公共事業中心の為，地方債が多くを占める一方，一般財源は少ない。例えば後述の佐賀県における 2020 年度一般会計当初予算の場合，総額 607 億円のうち，地方債が 95%（574 億円）を占め，一般財源は 1% にも満たない（3 億円，残りは国庫負担金）。一方，栃木県は地方債が 44%（123 億円）にとどまり，一般財源が 30%（83 億円），その他（基金取り崩しなど）が 20%（56 億円），国庫支出金が 6%（16 億円）となっている[20]。栃木県は，継続費をやや乱用しているといわざるを得ない。本来継続費とすべきものは，効率性や安定性の確保に複数年度契約が不可欠で，債務負担行為よりも確実に執行の必要がある事業を選択すべきである。一般的には，大規模な公共事業が選択肢となる。

　佐賀県の 2020 年度一般会計当初予算では，債務負担行為活用の起債事業は 1 件のみである。基本的に公共事業は継続費，それ以外の複数年度契約は債務負担行為と区分している。佐賀県の特徴は，継続費による 2020 年度一般会計当初予算支出額の歳出総額比が 3.5% と他県を大きく上回る点にある。加えて債務負担行為も主に非公共事業のその他で，2019 年度普通会計決算ベースの歳出総額に占める債務負担行為支出額 1.6% と都道府県平均 0.7% に比べかなり高い。注意すべき水準である。また，佐賀県は後年度負担比率が 96.4% と新潟県に次いで高い。後年度への負担先送りは望ましくない。

---

19)　新青少年教育施設アドバイザリー業務委託費は，総額 3800 万円をすべて一般財源で賄う事業である。また，水道広域化推進プラン策定費は，国庫支出金 1650 万円と一般財源 2250 万円が財源である。

20)　佐賀県のデータは，佐賀県『令和 2 年 2 月佐賀県定例県議会予算説明書（その一）』，栃木県は，栃木県『令和元年度県議会 第 362 回通常会議提出予算案(1)説明書』より算出。

5. む　す　び

　地方自治を十分に機能させるには，財政の健全性と明確性の確保が必要である。債務負担行為と継続費の現状は，いずれも課題があることがわかった。

　まず債務負担行為は，国庫債務行為と比べ債務と認識されているが，地方財政法第 5 条の対象以外の債務負担行為支出予定額がストック指標である将来負担比率から抜けている。しかし，債務に変わりはなく，算入する必要がある。2019 年度普通会計（地方財政全体）の翌年度以降の支出予定額は 16.7 兆円で，うち財源措置のない分（一般財源等）が 10.7 兆円，そしてそのうち公債費に準じて将来負担比率に算入されるのは 1.2 兆円に過ぎない。債務負担行為の財政統制の必要性を考えると，不十分である。さらに，地方債のような同意制は不要だが，債務負担行為に関して地方財政法による対象及び期間に関する統制は必要である。地方財政全体としての統計上の明確性向上も求められる。地方財政全体や都道府県合計，市町村合計において，債務保証・損失補償の限度額の重複を相殺した純計額を併せて示すべきだろう。これにより，地方債共同発行による限度額膨張に伴う合計金額の実質的な無意味化を回避できる。

　かつて債務負担行為を「簿外債務」と評したと紹介したが，現在は継続費にその恐れがある。もちろん，現状で土地開発公社購入の土地代金の支払いを設立母体の地方自治体が債務負担行為を利用し長期の割賦支払いを行うといった類のものはないだろうが，将来的に望ましくないケースが出る可能性は否定できない。2020 年度一般会計当初予算において，継続費の活用は都道府県 13 県，政令市 4 市と必ずしも活発ではない。一般市や町村では，活用がより少ないかもしれない。しかし，町村でも宮古町のように継続費を活用している自治体があり，上記の通り栃木県のように小規模な非公共事業にも継続費を活用する事例もある。また，佐賀県のように各年度の支出がやや大きくなっている自治体もある。さらに，陸前高田市と石巻市のように，復興関連を含む多くの公共事業を一方は債務負担行為，他方は継続費と異なる活用をしているケースもある。まずは実態把握が不可欠で，継続費を地方財政状況調査に加えるべきである。

そして，債務負担行為のように翌年度以降の年割額を債務と位置付け，地方財政健全化法のストック指標に算入することも求められる。もちろん，地方財政法などでの一定の財政統制も求められる。さらに，国と同様に後年度も必ず予算計上する制度に改正して，議会で毎年度議決可能にすべきである。

参 考 文 献

浅羽隆史（2021）「国庫債務負担行為の債務性と実態分析」『証券経済研究』第113号，日本証券経済研究所，89-106ページ。

油谷和典（1982）「債務負担行為の類型と運用状況」『地方財務』1982年8月号（通巻339号），ぎょうせい，10-18ページ。

岩切孝一（1975）「継続費について」『地方財務』1975年7月号（通巻254号），ぎょうせい，110-119ページ。

碓井光明（2006）「複数年度予算をめぐる論点整理と展望」『複数年度予算制と憲法』敬文堂，72-97ページ。

碓井光明（2003）「複数年予算・複数年度予算の許容性」『自治研究』第79巻第3号，第一法規，3-23ページ。

碓井光明（1996）「財政の民主的統制」『ジュリスト』1089号，有斐閣，143-150ページ。

大藪正三（1977）「福岡県における債務負担行為の運用」『地方財務』1977年9月号（通巻280号），ぎょうせい，63-75ページ。

河野正一（1981）「継続費と債務負担行為について」『地方自治』第401号，地方自治制度研究会，53-64ページ。

木村琢麿（2004）「予算・会計改革に向けた法的論点の整理」『会計検査研究』第29号，会計検査院，51-69ページ。

小村武（2016）『五訂版　予算と財政法』新日本法規。

佐藤英善（2012）「債務負担行為と歳入歳出予算の法的関係」『自治総研』第399号，地方自治総合研究所，27-43ページ。

衆議院憲法審査会事務局（2013）「憲法に関する主な論点（第7章　財政）に関する参考資料」『衆憲資』第82号，衆議院憲法審査会事務局。

神野直彦（2007）『財政学　改訂版』有斐閣。

総務省自治財政局財務調査課（2020）『令和元年度　地方財政状況調査表作成要領（都道府県分）』総務省自治財政局財務調査課。

染宮守（2015）「平成26年度包括外部監査報告書　基金に関する財務事務について」『栃木県公報』平成27年3月31日号外第23号，1-218ページ。

醍醐聰（1999）「債務負担行為の会計学─地方財政学と会計学の隣接点に立って」『経済論叢』第164巻第6号，京都大学経済学会，41-65ページ。

田中秀明（2005）「マクロ財政運営と公会計情報─公会計の役割と限界」『PRI Discussion Paper Series』No. 05A-06（通巻131号），財務省財務総合政策研究所

総務研究部，1-69 ページ。

地方財政調査研究会編（2021）『地方公共団体財政健全化制度のあらまし』地方財
　　務協会。

成田浩（1977）「債務負担行為の運用状況と課題」『地方財務』1977 年 9 月号（通巻
　　280 号），ぎょうせい，42-52 ページ。

藤井亮二・山田千秀（2020）「国庫債務負担行為の現状及び後年度への財政影響」『社
　　会科学年報』第 54 号，専修大学社会科学研究所，179-206 ページ。

村上武則（2006）「複数年度予算の憲法・行政法的検討」『複数年度予算制と憲法』，
　　敬文堂，51-71 ページ。

森稔樹（2011a）「継続費」『地方自治法』日本評論社，255-256 ページ。

森稔樹（2011b）「予算の内容」『地方自治法』日本評論社，258 ページ。

山田邦夫（2004）「財政制度の論点─シリーズ憲法の論点④」『調査資料』2001-1-d，
　　国立国会図書館調査及び立法考査局，1-24 ページ。

第 4 章

市町村財政連結決算から見たサービスと
負担の構造変化

中 島 正 博

1. はじめに

　本章の課題は，近年の地方財政におけるサービスと負担の構造変化を検討することである。

　2019 年 10 月から消費税，地方消費税あわせて 10％の税率となった。食料品等の軽減税率などの論点もあるが，所得課税もあわせた税負担そのものがどう変化したのかは，社会保障に限らず公共を支える国民の負担という視点からも検討されるべきであろう[1]。これについては，国民負担率という指標を用いて検討がされることが多い。自治総合センター（2011）では，先進資本主義国のなかで純公的負担率（（租税・社会保障負担の対 GDP 比＋フローの赤字の対 GDP 比）－医療・教育・社会保障の対 GDP 比）はあまり変わりがない一方，日本においては，租税負担が低いにもかかわらず重税感が高いことの理由として，「だれもが利益になるような部分がスウェーデンでは手厚く，日本では手薄い」[2]からだと

---

[1]　拙稿（2018）では，戦後における年金や医療の制度の変更についてまとめ，所得再分配機能が，同一世代どうしの所得再分配ではなく，世代間のそれに変化しつつあることを述べた。

[2]　自治総合センター（2011）7 ページ。

している。

　しかし，この国民負担率では，国民の個人レベルでサービスと負担がどうなっているかを知ることはできない。この点を検討した先行研究として，たとえば，小塩（2009）は，国民生活基礎調査の所得個票データをもとに検討し，国保税の「歪み」から低所得者層で負担が高めになるという逆進性があり，これを所得比例的な負担に改めることで，高額所得者に追加的な多額の負担を強いなくても低所得者に配慮した制度が実現できるとしている。

　これらの先行研究はあるが，地方自治体をケースに，住民に対するサービスと負担についての研究は少ないように思われる。

　日本の地方自治体の場合，国からの補助金（広義の補助金として地方交付税も含まれる）の配分をうけているとともに，量的にも無視できない規模を占めることに着目し，中井（1988）は，従来の租税負担と帰着の概念を，地方交付税や国庫支出金という政府間関係に広げ，1980年代の国庫補助金カットを題材に，地方財政計画（マクロベース）での国庫補助金カットと地方交付税の伸びは相殺されるが，個々の市町村レベル（ミクロベース）では，町村においては財政配当をもたらしたとしている。

　このような点を含め，高齢社会にむかっている近年において，サービスや負担の構造に変化があるかどうかの検討が求められる。そこで，本章では，和歌山県内の3市町（和歌山市，上富田町，古座川町）を事例として，2006年度と2016年度の連結決算を作成し，歳入・歳出構造の変化を見ることとしたい。なお，この3自治体を取り上げた意味は，3自治体とも平成の市町村合併を経験しておらず，公立病院を設置していないからである[3]。また，この2時点を取り上げた意味は，期間中の2007年度から税源移譲によって住民税（所得割）が比例税になったこと，2008年度から後期高齢者医療保険制度が導入され高

---

[3]　上富田町と古座川町においては，公立の診療所（無床）はあり，一般会計からの繰出しを行っている（上富田町の設置期間は2012年度から2019年度である）。上富田町は，公立病院を運営する一部事務組合を構成しているが，当該病院は経営が安定しており，いわゆる赤字補てん的な負担をしていない。

齢者本人も保険料負担が課せられるようになったことによる。

　第2節では，地方財政におけるサービスと負担構造について，制度的な整理を行う。第3節では，市町村における連結決算についての先行研究として，大阪府内市町村における検討を取り上げるとともに，先行研究の不十分点について述べる。第4節では，和歌山県内の3市町において，第3節で指摘した不十分点を改良した連結決算を作成し，構造変化について検討することとする。

2．サービスと負担構造について

　まず，サービスの構造について，歳出構造から整理しておこう。

　今日地方財政の性質別歳出項目のうち最大のものは人件費であり，次いで扶助費である，とされている。2018年度決算においては，普通会計歳出合計98.0兆円のうち，人件費は22.5兆円（22.9%），扶助費は14.3兆円（14.6%）である（『令和2年版 地方財政白書』による）。ところが，これは地方財政のうち普通会計について分析したものである。

　普通会計には，保険税（料）や（水道）使用料などの特別な財源を徴収して賄われている特別会計のほとんどは含まれていない。特別会計には，国民健康保険（2018年度決算で歳出は24.5兆円。以下も2018年度の歳出額）や介護保険（10.7兆円），後期高齢者医療保険（17.3兆円）などの保険医療系の特別会計のほかに，水道事業（決算規模は3.9兆円）や下水道事業（公共下水道事業のほか，農業集落排水事業，林業集落排水事業，漁業集落排水事業があり，決算規模は合計5.4兆円）などもあり，一般会計と比べれば小さいが，無視できる規模ではない。これらの特別会計は，国民健康保険税（料）などの保険料や使用料を徴収して，したがって住民の負担でもって賄われている。このほか，病院・診療所を経営している自治体もある[4]。

　これらの主な会計と財源をまとめたのが表4-1である。

　これらの会計を連結して，地方自治体全体としてのサービスと負担の構造を

---

4)　病院事業数は627事業であり，そのうち55.7%は赤字であり，一般会計から赤字補てん的な繰入金を必要としている（『令和2年版地方財政白書』による）。

表4-1　主な会計の財源内訳（2018年度決算歳入）

（単位：兆円，%）

	税・保険料	料金	国庫支出金	県支出金	他会計繰入金	地方債	その他とも合計
一般会計	39.4(38.8)	2.9(2.9)	15.6(15.4)	4.0		10.4(10.2)	101.5(100.0)
国保	2.9(18.0)		3.3(20.4)	0.8(4.9)	1.3(8.4)		16.0(100.0)
介護保険	2.2(21.4)		2.3(22.4)	1.4(13.7)	1.5(14.5)	0.0(0.0)	10.3(100.0)
後期高齢者	1.4(9.2)		4.9(32.0)	1.2(8.0)	1.2(8.0)		15.2(100.0)
水道		2.7(70.4)			0.0(0.0)	0.3(9.0)	3.8(100.0)
下水道		1.5(31.3)	0.2(4.6)		0.3(7.4)	1.1(22.8)	4.9(100.0)

（注）料金には，使用料のほか，手数料，分担金・負担金を含む。一般会計の県支出金は，市町村における収入金額を計上し「その他とも合計」には含まれないため，構成比を省略した。水道事業は，収益的収支，資本的収支の合計。
（出所）『令和2年地方財政白書』から作成。

明らかにする検討は少なく，本章は，これを行おうというものである。

　サービスと負担の構造を検討する前に，サービスと負担の性質的な整理をしておこう。

　自治体の行っているサービスには，特定の階層に対して実施されるものがある。これについては，受益者負担として，普通会計においては，使用料や手数料（2.2兆円），分担金・負担金（0.6兆円）が収入されている。これとは別に，病院事業の料金（3.1兆円），水道料金（2.7兆円），下水道料金（1.5兆円）等あわせて特別会計では8.9兆円の料金収入がある（『令和2年度地方財政白書』による）。これらの受益者負担は数パーセント程度の構成比にすぎない。

　地方自治体のさまざまなサービスは，税や保険料といった，一般的な負担によって賄われている。地方税については，2007年の税制改革において，従来は累進課税であった住民税は基本的に比例税となった。さらに，住民税には，負担分任性として課税される均等割があり，課税最低限を上回る所得があるものに一律課税される均等割[5]があるために，若干ではあるが逆進性をもつが，所得比例といってよいだろう。

　地方税は，土地や家屋に課税される固定資産税も大きな割合を占めている。市町村の多くで税率は評価額の1.4%であり，感覚的には，所得比例といえる

5)　森林環境保全のために，いくつかの道府県では県民税均等割を超過課税している。

ものである。財産課税としての自動車税は，排気量によって税額が異なるものの定額であり，ほとんどの国民が自家用車を所持するようになった現在，逆進的な課税といってよいと思われるが，構成比はそう大きくはない。

　国民健康保険税（東京特別区などでは，国民健康保険「料」として徴収されている）は，先に見たように，小塩（2009）によると，所得との関係では逆進性をもつとされている。所得にかかる所得割のほかに，世帯にかかる平等割，国保加入者の人数にかかる均等割などの仕組みがあるからである。

　介護保険と後期高齢者医療においては，被保険者に保険料が課される。介護保険の保険料は所得に応じて数段階の定額で賦課されており，ほぼ比例的な負担である。後期高齢者医療も，所得に応じて異なる均等割と所得に応じた保険料とが課せられている。

　このほか，地方自治体の歳入には，国からの補助金も大きな規模を占める。国庫支出金（15.7兆円）に加え，地方交付税（17.2兆円），地方譲与税（2.3兆円）と，地方財政の3分の1程度となっている（いずれも2018年度決算の金額）。加えて，国民健康保険，介護保険，後期高齢者医療保険といった特別会計には，国・県支出金も投入される。国や都道府県の負担割合は，たとえば，国民健康保険会計では，自己負担を除いた部分を，保険料と国・県・市町村の公費負担で折半する。この比率は制度的なものであり，配分にあたっての政府の裁量は働かないものである。

　また，市町村財政について見れば，県支出金[6]も主な収入となっている。

　以上まとめると，国・地方による行政サービスに対する負担としては受益者負担の割合は小さく，所得に対して比例的，一部は逆進的に負担する税・保険料と，国等からの補助金とで賄われている。

---

6)　都道府県支出金は都道府県にとっては歳出であるが市町村にとっては歳入となり相殺されるため，分析は少ない。中島（2012a），（2012b）において，金澤（1994）の方法論を引き継ぎそれ以降の時期を分析し，第一に，90年代前半には大きく伸び90年代後半以降縮小したが，それは公共事業補助金の増減による，第二に，農村部より都市部の自治体への配分が増えているが，それは福祉系統の補助金の増加による，と結論づけた。

3. 大阪府内の市町村を事例にした連結決算の検討

　地方自治体はさまざまな行政サービスを行っており，一般会計（普通会計）だけを検討することではその全体像が見えてこない。そのため，諸会計の連結を行う必要がある。

　市町村における一般会計と特別会計を連結して，その構造変化を検討した先行研究には，遠藤（2005），的田（2006）がある。これらは，大阪府内の市町村（大阪市を除く）について，1993年度，1998年度，2003年度の連結決算をそれぞれ作成し，その構造変化を分析したものである。なお，両者は，当時大阪府市町村課職員であり，以下，「大阪モデル」と呼ぶこととする[7]。

　大阪モデルはまず，主要な特別会計として，上水道事業，病院事業，下水道事業，国民健康保険事業（事業勘定），老人保健医療事業，介護保険事業（保険事業勘定）[8]を選び，普通会計からの繰入金を控除したうえで合算し連結決算を作成する。その際，上水道事業と病院会計は地方公営企業法適用の複式簿記形式であり，単純に合計することはできないため，「減価償却費を元金償還費に置き換えるなど，資金の収支がおおよそわかるように加工し」[9]て現金主義に組み替えたうえで連結をしている。

　連結した市町村財政の特徴として，①普通会計は連結決算の半分のシェアであること，②歳入全体の地方税のシェアも普通会計の2分の1程度だったが連結決算の4分の1程度に減少すること，③介護保険制度の導入もあり地方税から使用料へのシフトが進んでいること[10]，さらに，歳出面では，④人件

---

7)　本章のもととなった2020年度の地方財政学会における発表に対して，大阪モデルの原案考案者は別の職員であるというコメントをいただいたが，原案考案者の論文が未定稿となっているため，本章で参照することはできなかった。

8)　国民健康保険事業の事業勘定と介護保険事業の保険事業勘定とは，保険者として保険料を徴収し，診療報酬や介護報酬を支払う事業の会計。これに対し，国保事業直営の診療所は「直診事業」として，市町村が直営で行っている介護保険事業所については「介護サービス事業」として別建ての特別会計で収支計算がされている。

9)　遠藤（2005）14ページ。

10)　後述するように，大阪モデルでは，介護保険料は使用料として計上されている。

費の比率が下がり扶助費が突出すること，⑤ 建設事業（ハード）から扶助費などソフト事業への移行していること，⑥ 特別会計の規模も増大していることをあげている。

　このように，大阪モデルは，市町村の連結決算を作成したうえで，投資的経費の抑制や扶助費の増加といった構造変化について論究している意味で，貴重な研究となっている。

　しかし，大阪モデルにも以下のような問題があるので，次のような改善（修正）を行うべきであろう。

　まず，病院事業会計の扱いについてであるが，連結決算ではこれを除外して検討すべきであると思われる。これは，第一に，本章で取り上げた 3 市町が公立病院事業を実施していないように，病院や診療所については，すべての自治体が経営していないからである[11]。第二に，公立の病院や診療所における診療収入には，国保会計や後期高齢者医療保険からの保険給付費が含まれており，連結するためにはこれを控除しなければならず[12]，しかも統計上，その把握が困難であるからである。

　歳入についての改善点としては，第一に，大阪モデルの使用料には，国保会計等における保険料等も含めていることである。受益者負担がイメージされる使用料として，国保や介護保険の保険料を計上することは妥当とはいえない。国民健康保険，介護保険，後期高齢者事業における保険料収入は地方税と同様に考え，その範疇に移し替えるべきである。第二に，国民健康保険と介護保険及び後期高齢者医療保険の会計間の関係である。国民健康保険では，40 歳以上 65 歳までの住民について，介護保険料を国保税とともに徴収し，「介護納付金」として介護保険会計に拠出しているが，この部分は，連結会計においては控除すべきである（制度としては，同一の自治体の会計間でのやり取りではなく，社

---

11)　『令和 2 年度地方財政白書』によると，ベッド数で見ると公立病院の割合は 11.5%程度である。

12)　仮に，公立病院の患者全員が当該市町村の国保加入者だとすると，病院側の収入は，国保側の歳出（保険給付費）と同額となり，その部分が二重計上となってしまう。

会保険診療報酬支払基金を通じて再分配される)。同様に，国保税には「後期高齢者支援分」が含まれており，その部分が後期高齢者医療保険会計への繰出となっている（これも基金を通じての再分配である）。附表では，国民健康保険会計の歳出における介護納付金と後期高齢者支援分の金額を，国民健康保険会計の歳出から「他会計繰出金」として控除し，介護保険と後期高齢者医療保険のそれぞれの会計の歳入の「国・県・基金からの補助金」から控除した。

　加えて，改善すべき点ではないが，本章の分析では，次の3点で大阪モデルに修正を加えている。

　第一に，大阪モデルでは単年度での比較を行うため歳入における繰越金や基金繰入金，歳出における積立金や実質収支を控除しているが，本章では3自治体の2時点での比較にあたって単年度の歳入や歳出にそろえる必要はうすいので，あえて控除しなかった。

　第二に，後期高齢者医療保険についてである。後期高齢者医療は，県の広域連合で処理されているが，仮想的に市町村において後期高齢者医療保険制度を運用しているものとして，広域連合の歳入・歳出を，当該市町の75歳以上人口で案分した金額を，当該自治体の後期高齢者医療事業の特別会計の金額に加えて計上することとした[13]。

　第三に，現金給付とサービス給付については区分して計上しておきたい点である。現金給付とは，普通会計における扶助費と，医療関係の保険給付費を加えたものである。また，サービス給付については，表4-2の分類基準を作成し，各市町の決算書から，委託料または歳出額から人件費及び工事請負費を除いた額を集計した。関連して，料金収入についても，一般会計の諸収入（雑入）のうち受益者負担的側面があると想定される項目[14]も，分担金負担金や使用料

---

13)　後期高齢者医療保険の被保険者には，65歳以上の寝たきりの人も含むので，75歳以上人口での按分は正確ではない。おそらくこのために，古座川町の2016年度歳出の「その他」において，マイナスの数値が出てしまっている（附表4-6）。

14)　主なものは，学校給食の給食費（和歌山市，上富田町），保育園給食副食費（3市町では所得に応じて徴収する保育料のほか副食費を徴収している），中学生の海外交流研修自己負担分（上富田町），健康診断の自己負担分（古座川町）である。

表 4-2　連結決算におけるサービス給付，現金給付に分類した主な事業一覧

	サービス給付に分類した事業	現金給付に分類した事業
一般会計	障害者福祉費の委託料	扶助費（普通会計）
	保育所運営費（人件費，工事請負費を除く）	
	学童保育委託料	
	予防接種委託料	
	清掃費の委託料	
	常備消防費（人件費，工事請負費を除く）	
	小学校管理費等教育施設の経費（人件費,工事請負費を除く）	
	学校給食費（人件費，工事請負費を除く）	
	体育館費等スポーツ施設の経費（人件費,工事請負費を除く）	
上水道	原水費，浄水費，配水費，業務費（それぞれ人件費を除く）	
下水道	事業費（人件費，工事請負費を除く）	
国民健康保険／老健	保健事業委託料，健康診断委託料	保険給付費
後期高齢者医療	保健事業費	広域連合決算における保険給付費を高齢者数で案分
介護保険	地域支援事業（工事請負費を除く）	保険給付費

（出所）筆者作成。

と合計して計上した。

4.　和歌山県内 3 市町における連結決算の作成と評価

　本節では，和歌山県内の 3 市町における行政サービスと負担の構造の変化について検討する。

　まず，取り上げた和歌山市と上富田町，古座川町の概要について述べる。

　和歌山市は，和歌山県の最北部にあり，県庁所在都市でもある（1997 年 4 月に中核市に移行）。明治以来の市制であり，面積は 209 平方キロメートルである。人口は昭和期後期に 40 万人を記録して以降低減し，2015 年国勢調査では 35 万 5 千人となった。製鉄業の企業城下町として栄えたこともあり，県内外から和歌山市への移動が見られ，そのまま高齢化している。2015 年国勢調査の高齢化率は，29.3％と全国平均（26.6％）より 2.7 ポイント高い。

　財政では，一般会計のほかに多くの特別会計がある[15]。市立高校が 1 校あり，また中核市なので保健所を設置している。市立病院はない。2018 年度の財政力指数は，0.79 である。

---

15)　主な特別会計としては，卸売市場事業や駐車場事業，土地造成事業，工業用水事業がある。土地造成事業や駐車場事業の「赤字」が問題になっている。

　上富田町は和歌山県の南西部に位置し，田辺市と白浜町に隣接する面積57平方キロメートルほどの小さな町である。

　上富田町は，1958年に2町が合併して誕生した。合併当時の人口は1万人に満たないものであったが，丘陵部を工業用地や住宅団地として開発したこともあり，「50年間人口が増え続けている町」[16]である。2015年の国勢調査で人口は1万4989人。高齢化率24.8％は全国平均よりも低い。

　財政では，一般会計のほかに，公共下水道事業会計，農業集落排水事業会計などの特別会計がある。2012年に従来の個人開業医の診療所を町立診療所として引き継ぎ，診療所事業の特別会計を設けていた（2019年度で廃止）。財政力指数は0.50（2018年度決算）である。

　古座川町は，和歌山県東南部に位置し，1956年に1町4村の合併により誕生した，面積294平方キロメートルのうち96％を森林が占める山村である。合併当時は1万人いた人口は減少をつづけ，2015年の国勢調査では2,826人である。うち65歳以上の高齢者は1,489人と高齢化率は50％を超えている。なお，2010年の国勢調査においては，人口3,103人（うち高齢者1,496人）であり，高齢者の数自体も減少を始めている高齢社会の先取りをしている町でもある。ジビエや観光振興，少子化対策に力をいれ，とりわけ最近はIターン者によって社会増に転じている年もある。

　財政では，7つの特別会計があるが，そのうち3つは町立診療所（僻地診療所含む）の会計である。公共下水道や農業（林業）集落排水事業はない。水道事業は簡易水道である。財政力指数は0.12（2018年度決算）となっている。

　さて，前節で触れたような修正（改善）を加え，3市町において連結決算を試算した（附表4-1〜4-6）。これをグラフにしたのが，図4-1から図4-6である。

　まず，連結決算することによって明らかになった自治体財政の姿について2点ほど特徴がある。

　第一に，連結決算（歳出）に対する一般会計の比重を計算してみると，2006

年では和歌山市 0.50，上富田町 0.62，古座川町 0.73 だったものが，2016 年にはそれぞれ 0.51，0.54，0.69 となったことである。特別会計の比重が小さい古座川町は別にして，大阪モデルと同様，一般会計は，連結決算の規模のほぼ半分であるとともに，構成比が小さくなっている。

　第二に，第一の点とも関連するが，他会計繰入金の実質財政規模の構成比（附表の右端）も，和歌山市，上富田町でそれぞれ 6.4％，5.2％だったものが，それぞれ 7.5％，7.2％へと増加したことである。それぞれ高齢社会を迎え，一般会計から介護保険や後期高齢医療会計への繰出金が著増していることによる。ただし，古座川町においては，5.0％が 4.4％へと減少している。古座川町の減少傾向は，国保会計への繰出金が著減していることによる。国保加入者数自体が減少していることの影響だと思われる。

　さて，3 市町の 2 時点での歳入歳出構造について検討しよう。

　まず，歳入構造の変化について，和歌山市を見ていこう（図 4-1）。

　和歌山市の連結決算での歳入は，2537 億円から 2951 億円へと 16.3％の増となっている。

　内訳の特徴としては，第一に，最大の歳入項目は，国・県・基金からの補助金であり，その比率も 35.8％が 46.3％へと大きくなっている。実額で見ると 909 億円が 1365 億円弱と 37.8％の増となっている。

図 4-1　和歌山市連結会計の歳入構成の変化

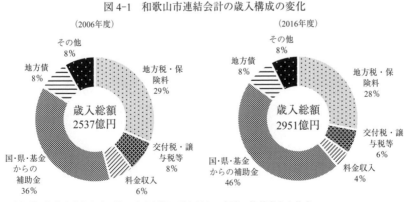

（出所）和歌山市と上富田町，古座川町のそれぞれの年度の決算書から作成。

　第二に，地方税・保険料と交付税・譲与税等は，それぞれ約3割，1割弱程度のシェアであり，微減している。地方税・保険料と交付税・譲与税等を合算してみると，その比率は4割から3割余へ減少している。また，料金収入（受益者負担）のシェアは6％程度であり，実額，シェアとも下がっている。内訳を見ると，水道料金収入が，84億円から58億円弱へと低減しており，経済活動の低迷による企業等からの水道事業収入の低下が予想されるところである。

　第三には，地方債については，大阪モデルではハード・インフラ整備からソフトへの財政構造の移行があるとされているところであるが，和歌山市においてはその移行は顕著ではない。

　同様の傾向は，上富田町についても見ることができる。連結決算の歳入総額は106億円が118億円へと11.6％の増となっている。

　第一に，最大の歳入項目である国・県・基金からの補助金は，29.1％から36.0％へと，シェアを大きく伸ばしている。実額で見ても，31億円弱が43億円弱へと37.9％の増である。一方，上富田町においても料金収入は数パーセントの規模である。

　第二に，地方税・保険料や交付税・譲与税等については，その割合はそれぞれ2割弱とほぼ変わっていない。財政力指数の差から地方交付税の配分に差があることから和歌山市と比べて交付税・譲与税等の比率は高いが，地方税・保

図4-2　上富田町連結会計の歳入構成の変化

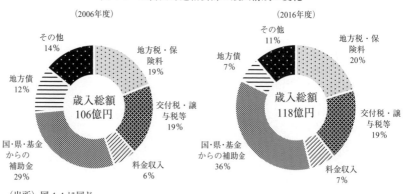

（2006年度）

その他
14%

地方債
12%

国・県・基金
からの
補助金
29%

歳入総額
106億円

地方税・保
険料
19%

交付税・譲
与税等
19%

料金収入
6%

（2016年度）

その他
11%

地方債
7%

国・県・基金
からの補助金
36%

歳入総額
118億円

地方税・保
険料
20%

交付税・譲
与税等
19%

料金収入
7%

（出所）図4-1に同じ。

図 4-3　古座川町連結会計の歳入構成の変化

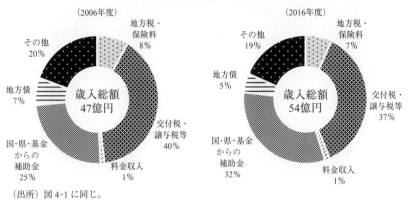

(出所) 図 4-1 に同じ。

険料と交付税・譲与税等の合算でのシェア (4 割程度) にはあまり違いが見られない。

　第三に, 地方債については, 上富田町においては顕著に下がっている (12.2% が 6.6% へとほぼ半減した)。これは, 2006 年段階では, 公共下水道建設が進められており, 2016 年においてそれは一段落していることを反映している。上富田町においては, 大阪モデルでいうところのハードからソフト事業への移行が見られる。

　最後に古座川町である。連結決算の歳入総額は, 47 億円から 54 億円へと 15.5% の伸びとなっている。

　内訳の特徴を見ると, 和歌山市や上富田町と異なり, 最大の収入項目は交付税・譲与税等であり, 4 割程度を占めている。なお, 地方税・保険料と合計すれば, 5 割弱であり, 和歌山市や上富田町よりは少し高めとなっている。水道事業が簡易水道であるほか農業集落排水などの普及がされていないことから, 歳入規模が小さいことの影響であろう。

　国・県・基金からの補助金は, 構成比の順位でいえば 2 位であるが, 構成比は 24.5% から 32.0% と増え, 実額も 12 億円弱から 17 億円へと 50.6% の伸びである。

　地方債の傾向はあまり変わらない。また, 和歌山市や上富田町と比べてその

図 4-4　和歌山市連結会計の歳入構成の変化

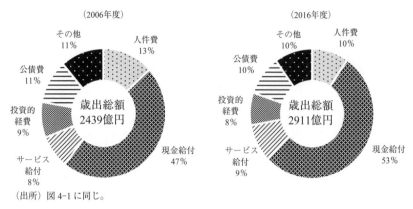

（出所）図 4-1 に同じ。

図 4-5　上富田町連結会計の歳出構成の変化

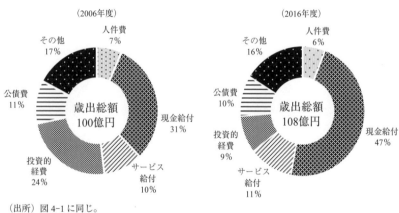

（出所）図 4-1 に同じ。

他の収入の割合が大きいが，小規模町村においては繰越金や基金繰入金の比重が高く，古座川町も例外ではないようである。

　次に，歳出構造はどう変化したのかについて見てみよう。

　和歌山市の連結決算の歳出の特徴は，第一に，最大の歳出項目である現金給付が歳出の過半を占めることであり，シェアも 47.4％から 53.1％へ上昇している。現金給付は，一般会計の生活保護などの部分とともに，医療や介護の特別会計の給付が大きい。和歌山市の高齢化率は全国平均より高めに推移しており，

福祉・医療への歳出が大きくなっていることが影響している。

　第二に，現金給付以外の経費については，それぞれが，ほぼ1割程度のシェアとなっているが，サービス給付はわずかに増加，人件費は減少している。

　第三に，投資的経費については，歳入で地方債の構成比が変わらなかったように，歳出においても構成比は大きくなく，9.0％が8.1％へと下がってもいる。ハードからソフトへの移行が終わっているものと考えられる。

　上富田町においても同様のことがいえる。

　第一に現金給付が最大の歳出項目である。町村は生活保護事務を行っていないので，一般会計部分の現金給付（扶助費）は和歌山市と比べても小さいが，歳出全体の構成比では31.1％から47.1％へ，実額で31億円から51億円弱へと大きく増えた（62.6％の伸び）。

　第二にそのほかの項目では，和歌山市と同様，ほぼ1割程度のシェアで並んでいるが，その他が和歌山市と比べても大きい。歳出の詳細を見てみると一般会計の補助費等が大きく，一部事務組合の負担金が大きいことがその原因である。

　第三に，投資的経費は23.7％から9.3％へと大きく下がっている。公共下水道の整備が一段落したことによるハードからソフトへの移行である。

図4-6　古座川町連結会計の歳出構成の変化

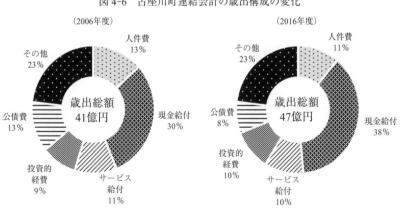

（出所）図4-1に同じ。

　古座川町においても最大の支出項目は現金給付であり，そのシェアは 30.4%が 37.6% へ，実額も 13 億円弱が 18 億円弱へと 40.6% の増となっている。

　財政規模が小さいこともあって，サービス給付や人件費のシェアは和歌山市や上富田町と比べて高いが 10 年間の変化はあまりないといってよい。上富田町と同様，事務処理を広域行政で行っていることから，その他の比率が大きくなっている。

　和歌山市と上富田町，古座川町において，歳入・歳出の構造変化について 2006 年度と 2016 年度の 2 時点で比較してきた。そこから分かった特徴は以下のようである。

　まず，歳出面では，医療や介護を中心とした現金給付の支出は最大規模の支出となっており，3 市町ともそのシェアが増加している。投資的経費については，上富田町では著減しているが，公債費は低位なままである。

　このような歳出を支える歳入については，大きく増加しているのは国・県・基金からの補助金である。この多くは，国民健康保険や後期高齢者医療，介護保険などの特別会計において歳入されており，通常の普通会計での分析では，その全体像がよく見えなかった項目である。ただし，補助金といいつつも，保険給付費の 2 分の 1 などのかたちで負担割合が法定化されており，基本的に国等の裁量により市町村への配分を左右できないものである。

　また，地方分権が進み，税源移譲も進んだ。この間，後期高齢者自身も保険料を負担する後期高齢者制度への移行も行われてはいる。介護保険も 3 年間の事業計画ごとに保険料の増額が行われている。しかし，地方税・保険料のシェアは，上富田町が微増ではあるが，和歌山市，古座川町においてはむしろ微減である[17]。また，受益者負担である料金収入の構成比は，数パーセントの規模のままである。

　なお，3 市町で財政力に差があることを反映して地方交付税のシェアには違いがあるが，地方税とあわせた一般財源の比率にはあまり相違がなく（和歌山

---

17)　税収の減少については，団塊の世代の退職等の事情も考えられるところである。

市では減少している），財政調整機能は働いてはいるものの，地方交付税の財政調整機能が拡大したとはいえない。

5．お わ り に

本章は，和歌山県内の3市町治体を事例に，高齢化の進むなか，地方財政における行政サービスと負担がどう変化しているのかを検討してきた。

本章の結論は，第一に，市町村の歳出項目としては，社会保障に対する現金給付が最大規模の項目であり，ほぼ半分程度の構成比となっていることである。第二に，その一方で，歳入項目としては所得比例の地方税や受益者負担の割合は高くはなってはおらず，第三に，国・県・社会保障基金からの財政移転が最大の比率を占めるとともに構成比を高めていることである。

今後の課題は以下のようである。第一に，取り上げた3地点，和歌山市や上富田町，古座川町における特殊性が存在するかもしれない。

第二には，サービス給付を精査することである。民間委託の場合は人件費を含む総額が委託料として計上されるが，直営では人件費を除いてサービス給付として計算している。その結果，本章のサービス給付は過小評価となっている。このあたりは統計上の制約もあるが精査をしたい。

高齢社会のもとで，社会保障分野の現金給付が増えることは必至である。今後，高度経済成長において人口の移動を受け入れた地域（現在の都市部）の高齢化が一層進む。一方，古座川町が典型であるが，過疎地域では，人口減少局面が続いているのみならず，すでに高齢社会のピークを過ぎ，高齢者人口そのものの減少を迎えている。そうした人口構成の変化が市町村財政にどう影響するのか，今後，検討していきたい。

付記　本章の意見にかかる部分は個人の見解であり，筆者の属する組織の見解ではない。

参 考 文 献

遠藤由之（2005）「連結決算の作成とその効果」『自治大阪』2005年7月号。

小塩隆士（2009）「社会保障と税制による再分配効果」社人研『社会保障財源の効果分析』東京大学出版会。

金澤史男（1994）「補助金の再編と政府間財政関係」『会計検査研究』10号，11-30ページ。

自治総合センター（2011）『地方が提供するサービスと税負担に関する調査研究会報告書』。

中井英雄（1998）『現代財政負担の数量分析』有斐閣。

中島正博（2012a）「都道府県支出金の構造変化に関する一考察」『経済研究所年報』第43号。

中島正博（2012b）「和歌山県における県支出金の構造変化に関する一考察」『経済理論』370号。

中島正博（2018）「日本の社会保障における公費負担と所得再分配機能についての一考察」『経済理論』392号。

的田篤（2006）「連結決算からみた府内市町村の財政状況について」『自治大阪』2006年3月号。

（単位：千円）

附表4-1　和歌山市の連結決算（2006年度）

	歳入総額	地方税・保険料	交付税・譲与税等	料金収入	国・県・基金からの補助金	地方債	その他	実質歳入規模	他会計繰入金
一般会計	123,663,878	58,976,151	20,199,050	4,629,963	22,608,648	9,710,000	7,540,066	123,663,878	
国民健康保険事業	40,396,616	11,075,290	0	931	25,649,709	0	83,710	43,958,619	3,586,976
農業集落排水事業	324,765	0	0	54,724	55,960	66,200	5,378	182,262	142,503
公共下水道事業	17,262,476	0	0	2,269,540	1,801,405	6,613,400	377,010	11,061,355	6,201,121
介護保険	24,247,536	4,595,453	0	325	13,561,096	0	2,632,681	22,980,878	3,457,981
老人保健	38,427,216	0	0	22	27,226,602	0	8,299,522	39,321,034	2,901,070
水道事業	12,546,131	0	0	8,439,601	0	3,190,900	915,630	12,546,131	
連結合計	256,868,618	74,646,894	20,199,050	15,395,106	90,903,420	19,580,500	19,853,997	253,714,157	16,289,651
構成比		29.4%	8.0%	6.1%	35.8%	7.7%	7.8%	100.0%	(6.4%)

	歳出総額	人件費	現金給付	サービス給付	投資的経費	公債費	その他	実質歳出規模	他会計繰出金
一般会計	120,828,646	29,187,270	28,205,630	16,031,306	11,128,388	15,870,529	4,115,872	104,538,995	16,289,651
国民健康保険事業	47,402,067	353,161	26,746,481	30,984	0	48,113	10,092,325	37,271,064	10,131,003
農業集落排水事業	324,766	71,060	0	54,620	113,973	81,814	3,299	324,766	
公共下水道事業	28,298,037	794,719	0	2,281,089	5,799,789	8,426,835	10,995,605	28,298,037	
介護保険	23,824,965	29,545	22,366,344	30,984	0	57,444	1,340,648	23,824,965	
老人保健	38,772,871	0	38,362,611	0	0	20,000	390,260	38,772,871	
水道事業	10,855,219	1,867,847	0	1,622,378	4,797,470	1,941,152	626,372	10,855,219	
連結合計	270,306,571	32,303,602	115,681,066	20,051,361	21,839,620	26,445,887	27,564,381	243,885,917	26,420,654
構成比		13.2%	47.4%	8.2%	9.0%	10.8%	11.3%	100.0%	(10.8%)

（注）実質歳入（歳出）規模は、歳入（歳出）総額から他会計繰入金（繰出金）を控除している。その他の各項目の内容については、本文を参照されたい。農業集落排水事業には漁業集落排水事業を含む。

（出所）『平成18年度和歌山市歳入歳出決算書』、水道会計資料から作成。

附表 4-2　上富田町の連結決算（2006 年度）

（単位：千円）

	歳入総額	地方税・保険料	交付税・譲与税等	料金収入	国・県・基金からの補助金	地方債	その他	実質歳入規模	他会計繰入金
一般会計	6,393,864	1,371,492	2,003,634	154,411	1,089,300	975,450	799,577	6,393,864	
国民健康保険	1,540,234	510,004	0	22	850,816	0	30,700	1,391,542	148,692
農業集落排水事業	157,141	0	0	38,754	0	0	1,333	40,087	117,054
公共下水道事業	682,120	0	0	12,913	28,745	316,400	268,314	625,365	70,675
介護保険	842,502	143,379	0	0	438,176	0	112,264	693,819	148,683
老人保健	1,008,473	0	0	22	679,154	0	267,295	946,471	62,002
水道事業	497,454	0	0	466,507	0	0	30,947	497,454	
連結合計	11,121,788	2,024,875	2,003,634	672,629	3,086,191	1,291,850	1,510,430	10,588,602	547,106
構成比		19.1%	18.9%	6.4%	29.1%	12.2%	14.3%	100.0%	(5.2%)

	歳出総額	人件費	現金給付	サービス給付	投資的経費	公債費	その他	実質歳出規模	他会計繰出金
一般会計	6,302,128	507,147	415,055	745,496	1,960,162	798,245	1,328,917	5,755,022	547,106
国民健康保険	1,529,342	43,546	961,229	11,835	0	2,766	137,843	1,157,219	372,123
農業集落排水事業	157,141	8,679	0	43,207	0	105,253	2	157,141	
公共下水道事業	680,514	27,749	0	127,058	413,226	58,855	67,169	694,057	
介護保険	838,380	29,545	735,789	11,835	0	1	61,210	838,380	
老人保健	1,008,473	0	1,005,401	0	0	1	3,071	1,008,473	
水道事業	555,294	46,101	0	92,597	7,108	128,652	143,543	418,001	
連結合計	11,071,272	662,767	3,117,474	1,042,698	2,380,496	1,093,773	1,741,755	10,028,293	919,229
構成比		6.6%	31.1%	10.4%	23.7%	10.9%	17.4%	100.0%	(9.2%)

（注）実質歳入（歳出）規模は、歳入（歳出）総額から他会計繰入金（繰出金）を控除している。そのほかの各項目の内容については、本文を参照されたい。
公共下水道事業には共同汚水処理事業を含む。
（出所）『平成 18 年度上富田町歳入歳出決算書』から作成。

附表4-3　古座川町の連結決算（2006年度）

（単位：千円）

	歳入総額	地方税・保険料	交付税・譲与税等	料金収入	国・県・基金からの補助金	地方債	その他	実質歳入規模	他会計繰入金
一般会計	3,349,128	224,478	1,874,371	30,750	180,583	319,500	719,446	3,349,128	
国民健康保険	538,746	99,667	0	66	303,776	0	49,599	453,108	85,638
介護保険	450,272	60,282	0	24	253,441	0	56,871	370,618	79,654
老人保健	540,935	0	0	0	413,043	0	87,460	500,503	40,432
簡易水道事業	48,740	0	0	16,803	0	0	4,725	21,528	27,212
連結合計	4,927,821	384,427	1,874,371	47,643	1,150,843	319,500	918,101	4,694,885	232,936
構成比		8.2%	39.9%	1.0%	24.5%	6.8%	19.6%	100.0%	(5.0%)

	歳出総額	人件費	現金給付	サービス給付	投資的経費	公債費	その他	実質歳出規模	他会計繰出金
一般会計	2,999,652	509,136	96,479	431,724	376,374	514,422	838,581	2,766,716	232,936
国民健康保険	468,715	16,074	266,925	0	0	0	75,966	358,965	109,750
介護保険	434,677	18,312	361,538	16,397	0	0	38,430	434,677	
老人保健	533,635	0	531,810	0	0	0	1,825	533,635	
簡易水道事業	43,752	10,205	0	10,213	9,281	10,665	3,388	43,752	
連結合計	4,480,431	553,727	1,256,752	458,334	385,655	525,087	958,190	4,137,745	342,686
構成比		13.4%	30.4%	11.1%	9.3%	12.7%	23.2%	100.0%	(8.3%)

（注）実質歳入（歳出）規模は、歳入（歳出）総額から他会計繰入金（繰出金）を控除している。その他の各項目の内容については、本文を参照されたい。

（出所）『平成28年度古座川町歳入歳出決算書』から作成。

108

附表 4-4　和歌山市の連結決算（2016 年度）

（単位：千円）

	歳入総額	地方税・保険料	交付税・譲与税等	料金収入	国・県・基金からの補助金	地方債	その他	実質歳入規模	他会計繰入金
一般会計	151,753,766	63,453,774	18,850,444	3,978,876	41,454,368	15,750,200	8,266,104	151,753,766	
国民健康保険事業	50,028,083	7,760,630	0	1,649	37,233,926	0	938,996	45,935,201	4,092,882
農業集落排水事業	222,328	0	0	50,236	0	0	0	50,236	172,092
公共下水道事業	18,782,226	0	0	3,243,724	1,494,005	6,371,900	97,487	11,207,116	7,575,110
介護保険	37,641,798	7,918,930	0	1,465	22,155,334	0	2,297,440	32,373,169	5,268,629
後期高齢者医療	8,440,598	3,177,899	0	218	34,139,678	0	5,262,810	42,580,605	5,141,166
水道事業	11,171,596	0	0	5,769,768	0	190,000	5,211,828	11,171,596	
連結合計	278,040,395	82,311,233	18,850,444	13,045,936	136,477,311	22,312,100	22,074,665	295,071,689	22,249,879
構成比		27.9%	6.4%	4.4%	46.3%	7.6%	7.5%	100.0%	(7.5%)

	歳出総額	人件費	現金給付	サービス給付	投資的経費	公債費	その他	実質歳出規模	他会計繰出金
一般会計	149,854,082	25,582,080	44,523,729	20,725,622	15,971,580	15,958,645	4,842,547	127,604,203	22,249,879
国民健康保険事業	48,327,693	288,994	29,423,867	292,361	0	398	11,270,881	41,276,501	7,051,192
農業集落排水事業	222,328	30,740	0	86,637		104,951		222,328	
公共下水道事業	23,990,630	625,312	0	3,162,964	3,551,123	10,384,377	6,266,854	23,990,630	
介護保険	37,119,539	357,066	35,123,616	1,043,565	0	0	595,292	37,119,539	
後期高齢者医療	8,318,766	0	45,625,576	6,232	0	0	1,968,131	47,599,939	
水道事業	13,258,953	1,024,646	0	1,904,369	4,108,687	2,312,990	3,908,261	13,258,953	
連結合計	281,091,991	27,908,838	154,696,788	27,221,750	23,631,390	28,761,361	28,851,966	291,072,093	29,301,071
構成比		9.6%	53.1%	9.4%	8.1%	9.9%	9.9%	100.0%	(10.1%)

（注）実質歳入（歳出）規模は，歳入（歳出）総額から他会計繰入金（繰出金）を控除したもの。その他の各項目の内容については，本文を参照されたい。
　　　農業集落排水事業には漁業集落排水事業を含む。
（出所）『平成 28 年度和歌山市歳入歳出決算書』，水道会計資料から作成。

附表4-5　上富田町の連結決算（2016年度）

（単位：千円）

	歳入総額	地方税・保険料	交付税・譲与税等	料金収入	国・県・基金からの補助金	地方債	その他	実質歳入規模	他会計繰入金
一般会計	5,979,939	1,562,482	2,210,133	197,649	1,186,595	490,790	310,480	5,958,129	21,810
国民健康保険	2,223,175	488,881	0	189	1,476,534	0	60,692	2,026,296	196,879
農業集落排水事業	194,450	0	0	66,367	0	0	6	66,373	128,077
公共下水道事業	370,953	0	0	63,551	52,617	73,500	69,855	259,523	111,430
介護保険	1,480,664	271,400	0	26	400,816	26,000	565,016	1,263,258	217,406
後期高齢者医療	277,513	92,215	0	22	1,138,445	0	250,807	1,481,489	181,091
水道事業	762,041	0	0	480,429	0	190,000	91,612	762,041	
連結合計	11,288,735	2,414,978	2,210,133	808,233	4,255,007	780,290	1,348,468	11,817,109	856,693
構成比		20.4%	18.7%	6.8%	36.0%	6.6%	11.4%	100.0%	(7.2%)

	歳出総額	人件費	現金給付	サービス給付	投資的経費	公債費	その他	実質歳出規模	他会計繰出金
一般会計	5,835,081	493,201	1,012,409	898,954	655,401	671,968	1,268,265	5,000,198	834,883
国民健康保険	2,162,793	27,644	1,136,720	11,158	0	0	198,596	1,374,118	788,675
農業集落排水事業	194,450	6,185	0	70,618	0	117,647	0	194,450	
公共下水道事業	370,524	5,438	0	116,560	130,000	118,525	1	370,524	
介護保険	1,438,208	43,917	1,309,860	37,769	0	1,900	44,762	1,438,208	
後期高齢者医療	274,709	8,049	1,608,772	1,834	0	0	41,120	1,659,776	
水道事業	755,206	54,566	0	94,768	216,338	177,424	190,300	733,396	21,810
連結合計	11,030,971	639,000	5,067,761	1,231,661	1,001,739	1,087,464	1,743,044	10,770,670	1,645,368
構成比		5.9%	47.1%	11.4%	9.3%	10.1%	16.2%	100.0%	(15.3%)

（注）実質歳入（歳出）規模は、歳入（歳出）総額から他会計繰入金（繰出金）を控除している。そのほかの各項目の内容については、本文を参照されたい。
（出所）『平成28年度上富田町歳入歳出決算書』から作成。

附表4-6　古座川町の連結決算（2016年度）

（単位：千円）

	歳入総額	地方税・保険料	交付税・譲与税等	料金収入	国・県・基金からの補助金	地方債	その他	実質歳入規模	他会計繰入金
一般会計	3,738,892	198,547	2,000,219	50,469	448,743	245,994	794,920	3,738,892	
国民健康保険	535,724	72,186	0	40	388,528	0	20,195	480,949	54,775
介護保険	504,347	73,815	0	23	285,558	0	58,289	417,685	86,662
後期高齢者医療	111,594	27,751	0	9	603,445	0	110,218	741,423	80,481
簡易水道事業	60,459	0	0	20,101	6,671	10,000	23,687	41,563	18,896
連結合計	4,951,016	372,299	2,000,219	70,642	1,732,945	255,994	1,007,309	5,420,512	240,814
構成比		6.9%	36.9%	1.3%	32.0%	4.7%	18.6%	100.0%	(4.4%)

	歳出総額	人件費	現金給付	サービス給付	投資的経費	公債費	その他	実質歳出規模	他会計繰出金
一般会計	3,216,444	459,044	209,743	449,874	478,247	367,670	1,011,052	2,975,630	240,814
国民健康保険	504,807	15,867	283,780	6,309	0	0	40,707	346,663	158,144
介護保険	495,134	18,051	448,236	13,145	0	0	15,702	495,134	
後期高齢者医療	111,124	4,669	825,035	0	0	0	▲8,269	821,434	
簡易水道事業	56,588	15,466	0	11,068	4,214	3,276	22,564	56,588	
連結合計	4,384,097	513,097	1,766,794	480,396	482,461	370,946	1,081,756	4,695,449	398,958
構成比		10.9%	37.6%	10.2%	10.3%	7.9%	23.0%	100.0%	(8.5%)

（注）実質歳入（歳出）規模は、歳入（歳出）総額から他会計繰入金（繰出金）を控除している。そのほかの各項目の内容については、本文を参照されたい。
（出所）『平成28年度古座川町歳入歳出決算書』から作成。

第 **5** 章

水道事業の官民連携に関する実証分析
——様々な民間委託指標に基づいて——

田 代 昌 孝

1. は じ め に

日本の水道事業は人口減少社会，あるいは節水器の普及等により料金収入が不足しているだけでなく，水道インフラの老朽化に伴う更新事業が滞ってしまうと言う課題も抱えている。そのため，宮城県水道事業でもコンセッション方式導入が提案されているように，水道事業の官民連携が注目されるようになってきた。

日本の水道事業はアウトソーシングのような業務の外部委託が経営効率化の手段として使われてきたものの，第三者委託制度の導入も含めた官民連携の進捗はあまり見られない。それに対して，海外では民間による水道事業の操業が盛んに行われている。その結果，Lannier and Porcher（2014），Benito et al.（2010）等を中心に公的，あるいは民間による水道事業の経営効率性が比較分析されるようになってきた。

日本の水道事業に関する実証分析は規模の経済，あるいは範囲の経済を確認するような桑原（1998），高田・茂野（1998）等の研究，あるいは経営の効率性とその要因を分析した中山（2003），原田（2004）等の研究がメインであり，知る限りだと，第三者委託制度の導入も含めた官民連携が経営効率性に及ぼす影響を分析した研究は神田他（2016）がある程度である。

　日本では水道事業の官民連携に関する分析があまり進んでおらず，特に，当年度純利益に及ぼす影響を分析した研究は少ないように思える。水道事業の当年度純利益には国や県，あるいは他会計からの補助金もある営業外収益が含まれており，民間委託が進み経営が効率化されたとしても必ずしも増えるものではない。水道事業は当年度純利益を計上していれば，経営効率化のインセンティブが起きない可能性がある。そのため，本章では今日議論されている水道事業の官民連携を踏まえながら，水道事業の官民連携，様々な民間委託が進んだ結果，水道事業の経営が効率的になり，当年度純利益が発生するかどうかの仮説検証を行うことを目的としている。

　水道事業の官民連携を議論する場合，その定義が重要となることから，本章では官民連携の一部となる様々な民間委託の指標を① 第三者委託制度を導入しているか否か，② 水道業務において外部委託に従事する職員の割合，③ 費用構成における委託料割合で定義して分析を行っている。実証分析は日本水道協会編『水道統計（平成 18 年度から 30 年度）』から 973 の水道事業体に着目したパネルデータを作成して行った。

　本章の構成は以下のようなものである。第 2 節では水道事業の民営化に関する意味合いについて考える。第 3 節では水道事業の官民連携で重要となる宮城県水道事業のコンセッション方式導入について考えてみる。第 4 節では水道事業の民間委託と当年度純利益との関係を考察するモデルとデータの説明を行う。第 5 節では実証分析の結果について考察する。おわりにでは全体のまとめと若干の政策提言を行う。

2. 水道事業の民営化に関する意味合い

　水道事業は開国後，明治政府がコレラの流行対策を行うため，市町村が担うのが適当と判断したものであり，国税や地方税の財源を積極的に投入して，国民の安全を確保してきた。水道インフラ整備の普及が進むにつれて，コレラの流行も抑制されており，明治 10 年代半ば頃から水道事業は伝染病対策として認識されるようになってきた[1]。すなわち，公的な水道事業は感染症対策を行

うために誕生したものと考えられ，国家が安心・安全な水サービスの享受をすべての国民に認めたものと思われる。そのため，厳格な水質基準が遵守される形で水道事業は水サービスの供給を行ってきた。

　水道事業は「市町村経営」が原則であり，民間による水道事業の操業は市町村の許可が必要となる。しかし，今日では水道事業が抱える様々な課題，経営困難やインフラの老朽化が進んでおり，厚生労働省「水道法の一部を改正する法律（平成 30 年法律第 92 号）について」では，水道法第 24 条の 4 により官民連携の推進と同時に，厚生労働大臣の許可による民間の水道施設運営権の設定を認めるようになった[2]。

　問題は民間が行う水道事業の操業について，平成 11 年に施行された「民間資金等の活用による公共施設等の整備等の促進に関する法律（以降，これを PFI（Private Finance Initiative）法と呼ぶ）」に基づく地方公共団体のモニタリングと水道法に基づく国や都道府県の監督という 2 つの監督・監視体制が行われていることである[3]。

　PFI 法は公共施設全般に適用されるものであり，PFI 法に基づく事業は民間による創意工夫と費用削減を目的としたところがある。水道施設以外の公共施設は過剰投資が問題になっても，水道施設は直接人体に影響を及ぼすため，経営を重視したコストの削減に対する住民の反発が大きい。基本的人権の維持を前提にする水道法と行政サービスの効率化を目的にした PFI 法とが同時に，民間が行う水道事業の操業を監督・監視するのは難しいとも言えよう。平成 11 年施行の PFI 法では水道事業の官民連携に対する具体案として，コンセッショ

1)　齋藤（2003），14-25 ページ。
2)　厚生労働省「水道法の一部を改正する法律（平成 30 年法律第 92 号）について」，3-13 ページ。
3)　具体的には，国または都道府県が水道法に基づき，水道施設の改善指示，水道事業の技術管理者に対する変更勧告，給水停止命令，報告徴収や立ち入り検査を行う一方，地方公共団体では PFI 法に基づき，民間水道事業体の業務・経理のモニタリングや運営権の取り消しを行っている（厚生労働省「水道法の一部を改正する法律（平成 30 年法律第 92 号）について」，14 ページ）。

ン方式の導入が出された。

　コンセッション方式とは，施設の所有権を地方公共団体が所有したまま，施設の運営権を民間事業に設定する方式である。平成23年PFI法の改正により，水道施設の全部，あるいは一部の運営等で生じた利用料金について当該運営を行う事業者が自らの収入として，収受できるようになった[4]。結果として，人口の多い都市部を対象にした水道事業の経営は，民間にとっても魅力的なものになったと予測される。

　また，上下水道分野におけるコンセッション方式の導入は法制度の問題，具体的には，水道法では施設の所有と運営を分けていないため，コンセッション導入後も公営企業の起債に関する繰り上げ償還等に使えない等の問題を残していた。しかし，平成28年度の法改正により法制度の問題も解消された結果，水道事業の官民連携はより一層検討されるようになった[5]。

　コンセッション方式は官民連携の一部であり，官民連携は水道事業を民営化するうえでの1つの準備段階に過ぎない。水道事業の官民連携が進められるのは，民営化にも熊谷（2004）が指摘するような英国で経験した法人税納税の増加や，個人株主や金融サービス業務の拡大と言うメリットがあるためである[6]。

　その一方で，仲上（2019），松下（2003），池田（2003）が指摘するような①資本費用の増加に伴う料金の値上げ，②採算重視による水質悪化や③民間水道事業の災害対応への懸念があるため，水道事業へのコンセッション方式導入には根強い反対意見がある[7]。

　堀（2019）は民間経営のメリットは料金設定等も含めて，行政的な制約からどの程度解放されているかに依存しており，官民連携にも有効な側面があるものの，料金改定は議会の承認が必要であり，民間の施設更新のための資金確保

4)　厚生労働省「水道事業における官民連携に関する手引き（改定案）」，2-9ページ。
5)　井熊・石田（2018），66-77ページ。
6)　熊谷（2004），89-92ページ。
7)　仲上（2019），48ページ；松下（2003），274-275ページ；池田（2003），287ページ。

と言う課題があることを述べている[8]。民間が水道事業経営を改善するためには，様々な手続き変更が必要であり，資金調達の面でも幾つかの課題をクリアーしなければならない。

　もっとも，水道事業を民間委託に頼るような従来の方式も事業のマネジメントを行ううえで幾つかの問題がある。松永（2003）は従来の外部委託にも公的なリスク，公設民営の分断による技術の革新や継承，権限や責任が曖昧になること等の問題点を指摘している[9]。

　結局のところ，仮に水道事業を民間委託，あるいは完全に民営化するとしても，災害のリスクや水質の維持も含めて，公的部門がモニタリングしなければならない分野は多い。水道事業にある今日的課題は，公的部門，あるいは民間部門による操業に関係なく，常に存在しているものと思われる。

3.　宮城県水道事業の官民連携の特徴

　宮城県は平成 28 年 12 月 29 日に事業の一部のみが運営権の所有者に行わせることができるよう国に要望書を出した[10]。その後，平成 30 年度第 2 回の協議会において，コンセッション方式による官民協働を目指すことを住民に明らかにしたのである[11]。令和 2 年度「みやぎ型管理運営方式」に関する事業説明会では，コンセッション方式導入により様々な事業費削減が 20 年間で見込まれるだけでなく，水道料金の上昇抑制効果もあることを県は示した[12]。

　しかし，それでもなお，水道事業におけるコンセッション方式の導入に対しては，橋本（2019），内藤（2018），工藤（2019），中嶋（2020）を中心に根強い反

---

8)　堀（2019），53-55 ページ。

9)　松永（2003），281-282 ページ。

10)　宮城県企業局「平成 30 年 10 月 15 日宮城県上工下水一体官民連携運営（みやぎ型管理運営方式）」，17 ページ。

11)　宮城県企業局「平成 30 年 10 月 15 日宮城県上工下水一体官民連携運営（みやぎ型管理運営方式）」，11-14 ページ。

12)　宮城県企業局「令和 2 年度「みやぎ型管理運営方式」に関する事業説明会資料」，43 ページ。県とは宮城県企業局及び知事部局である（宮城県企業局「みやぎ型管理運営方式導入可能性等調査業務報告書（概要版）」，1 ページ）。

116

対意見が幾つかある[13]。具体的には、① 民間への運営権譲渡と料金収入の一部が企業に入ること、② モニタリング体制の様々な費用、③ 企業の金利コストや法人税負担、④ 20年の長期事業期間、⑤ 県の管路更新や維持管理に関する財源徴収、⑥ 専門職の人材確保と技術の継承、⑦ 不採算地区の切り捨て等の理由で「みやぎ型管理運営方式」はあまり住民の理解を得られていない。

コンセッション方式導入も含めて、宮城県水道事業の官民連携に対する議論で考えなければならないのは、「民営化」の定義である。「民営化」は公共機関から民間部門へと政府の活動や機能をすべてシフトさせることであり、民間による公共サービス提供で政府が市場ベースの競争を促すことを目的としている[14]。

ところが、宮城県の水道事業官民連携で提案されたコンセッション方式は「民営化」に該当すると言えない側面がある。宮城県（水道用水供給事業等）は料金徴収を自治体が一元的に行うだけでなく、回収後も按分率に基づく配分方式であることから、民間委託や第三者委託と基本的に変わらないと太田（2019）は述べている[15]。熊谷・筒井（2003）も同じように、英国と米国でのみしか民営化されていないことを踏まえて、水道民営化はアウトソーシング、外部委託から完全民営までの広い概念と考えるのが妥当であるとの見解を示している[16]。堀（2019）は日本における民営化の定義について、官民連携推進の1つの手法に過ぎず、コンセッションも選択肢の1つに過ぎないと主張している[17]。

日本の水道事業の場合、水道業務の多くは既に民間に委託されている部門が

13) 橋本（2019），19-20ページ；内藤（2018），55-58ページ；工藤（2019），168-171ページ；中嶋（2020），36-37ページ。

14) California Debt and Investment Advisory Commission（2007），p. 1.

15) 太田（2019），36-39ページ。

16) 熊谷・筒井（2003），73ページ。そのうえで、水道民営化は事業効率性と同一視、あるいは料金低減策とするのではなく、事業形態の柔軟性としての意義があると熊谷・筒井（2003），76ページは述べている。

17) 堀（2019），52ページ。それ以外にも、橋本（2019），24ページは日本のコンセッションの場合、公共が施設を所有し、民間が運営を行うことから、より正確には「水道の民間移譲」と言って良いと述べている。

多い。大阪府下にある幾つかの水道事業体にヒアリング調査してみると，漏水調査，料金徴収，水道料金に係る窓口業務を含むメーター検針，配水場の施設監視及び運転操作等はすべて民間委託である。料金等の価格設定まで民間企業に認めるケースは，日本の場合，ほとんど見られないと言って良いであろう。

水道法第 24 条の 6 第 1 項第 2 号では，「料金が能率的な経営のもとにおける適正な原価に照らし健全な経営を確保することができる公正妥当なものであること[18]」を規定している。したがって，公共，あるいは民間部門に関係なく，水道料金の設定については制限されていると考えられる。このように宮城県水道事業の官民連携は単なる従来の民間委託・第三者委託と変わらないと捉えるか，あるいは民間が営業収益を得るための手段と捉えるかで評価が変化してしまうのである。

水道事業について「民営化」の定義が重要となる以上，完全民営化の準備段階にある「官民連携」，あるいは「民間委託」にも厳密な定義が必要となる。本章では，水道事業の官民連携，あるいは民間委託について，① 水道事業で第三者委託制度を導入している割合，② 水道事業に従事する職員数全体で委託により従事する職員の割合（以降，これを人員委託割合と呼ぶ），③ 水道事業の費用構成で委託料がどの程度の割合を占めているか等の 3 点で定義する。具体的には，人員委託割合は通常業務において，第三者委託水道事業とそれ以外の委託に従事する職員数を足し合わせた値と水道技術管理者有資格者数において，第三者委託とそれ以外の委託に従事する職員数を足し合わせた値の合計を水道事業における事務職員，技術職員，嘱託職員の合計で除して算出している。したがって，これら 3 つの指標が大きくなることは，水道事業の「民間委託」が進んでいることを意味する。

まずは全国と宮城県水道事業の費用構成を見ながら，民間委託について考えてみよう。図 5-1 には全国と宮城県にある水道事業の費用構成に関する時系列的変化がまとめてある。

---

18)　厚生労働省「水道施設運営権の設定に係る許可に関するガイドライン（令和元年 9 月 30 日）」，22 ページ。

図 5-1　水道事業の費用構成に関する時系列的変化

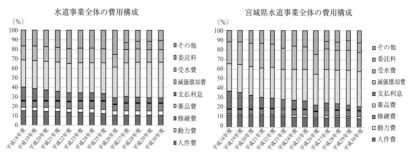

（注）委託料は平成 26 年度以前の『水道統計』ではデータが得られないため，平成 27 年度以降
　　から費用構成に含んでいる。
（出所）日本水道協会編『水道統計（平成 18 から 30 年度）』より作成。

　図 5-1 より全国の水道事業全体と宮城県水道事業全体の費用構成は時系列で
もそれほど大きな差がなく，特に，議論の対象になる委託料についても同様の
ことが言えると考えられる。宮城県水道事業全体で考えると，全国に比べて地
理的な影響から動力費の費用構成が少ないことと，広域化により受水費の割合
が増えていることに特徴がある程度である。したがって，宮城県水道事業全体
では経営上，今後も増え続くことが予想される減価償却費と受水費をいかに効
率化するかが課題となる。

　次に，水道職員の人員委託割合，あるいは水道業務の第三者委託における導
入状況の観点から，水道事業の民間委託について考えてみよう。第三者委託制
度とは，平成 13 年に創設された水道法第 24 条の 3 に基づく制度であり，契約
期間は 3 から 5 年の民間事業者に水道法上の責任も含めて，一括に委託する方
式である。従来型の包括的な業務委託と異なり，主に技術的業務に限定される
ものである[19]。

　第三者委託制度は① 業務とともにそれに伴う罰則適応が移管されること，
② 技術業務のみの限定で料金設定等の経営面では対象としていないこと，
③ 本格的な経営統合前の一時的なものとしての役割を担うと熊谷（2003）は述

19）村田（2017），113-114 ページ。

図 5-2　全国と宮城県の水道職員人員委託割合と第三者委託導入状況

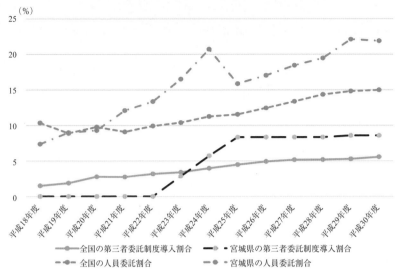

(注) 第三者委託導入割合は，第三者委託制度を導入している水道事業体の数を水道事業全体の数で除して，算出している。
人員委託割合は（通常業務で第三者委託とそれ以外の委託に従事する職員数＋水道技術管理者有資格者数で第三者委託とそれ以外の委託職員数）／（事務職員＋技術職員＋嘱託職員）で定義している。
(出所) 図 5-1 と同じ。

べている[20]。また，楠田（2008）は第三者委託制度が技術力の強化やコスト削減効果も期待できると述べている[21]。図 5-2 には水道職員の人員委託割合と第三者委託導入状況がまとめてある。

　図 5-2 から平成 24 年度以降，宮城県の水道事業体は人員委託割合，あるいは第三者委託制度を導入している水道事業体の割合で見ても，全国に比べて民間への業務委託は進んでいる地域であると考えられる。重要なのは，平成 18 年度から 30 年度までの官民連携，あるいは民間委託が水道事業の当年度純利益にいかなる影響を及ぼしたのかを考えることである。当年度純利益が発生しているならば，各水道事業体は経営効率化のインセンティブ，あるいは料金の

---

20)　熊谷（2003），261-262 ページ。
21)　楠田（2008），47 ページ。

120

値上げ等も検討しないのではないかと思われる。

4. 民間委託と当年度純利益との関係の理論モデルとデータの説明

　日本の水道事業における官民連携，あるいは民間委託が当年度純利益に及ぼす影響を分析する前に，既存研究の水道事業民営化に関する分析結果について概観してみよう。海外では水道事業の民営化が経営の効率性に及ぼす影響を分析したものが多い。

　水道事業の経営は公的部門に任せた方が望ましいと考える既存研究には，Lannier and Porcher (2014), Benito et al. (2010) 等がある。Lannier and Porcher (2014) は 177 あるフランスの公的な，あるいは民間の水道事業者を分析対象にして，Benito et al. (2010) はスペインのムルシア地方にある 31 の自治体を分析対象に，水道事業の経営効率性に関する官民の比較分析を行っている[22]。

　それに対して，公的より民間による水道事業経営の方が効率性は増すと考えている既存研究には，Lo Storto (2013), Picazo-Tadeo et al. (2009) 等がある。Lo Storto (2013) はイタリアにある 21 の民間，あるいは官民連携による経営と 32 の公的な経営を行う水道事業を対象にして，Picazo-Tadeo et al. (2009) はスペイン南のアンダルシア地方にある水道事業を対象にして，官民の水道事業における経営効率性を比較している[23]。

　このように水道事業の操業が公的か，あるいは民間による操業かと言う議論には各国の地理的な環境や制度的な面も含めた様々な見解があり，明らかな分析結果は出されていないように思える。実際，公的部門，あるいは民間部門が操業を行うかどうかの意思決定があまり経営に影響を及ぼしていないと言う結論には，Bhattacharyya et al. (1995), Hon et al. (2014), Garcı́a-Sá (2006), Marta et al. (2017) 等がある[24]。Bhattacharyya et al. (1995) は 1992 年 221 あったアメリカ

---

22)　Lannier and Porcher（2014），pp. 556-572; Benito et al.（2010），pp. 515-528.
23)　Lo Storto, C.（2013），pp. 2069-2072; Picazo-Tadeo et al.（2009），pp. 615-628.
24)　Marta et al.（2017），p. 21. では水道事業の民営化が経営に与える既存研究の分析結果をまとめており，「公的部門の経営が優位である」と言う結論は 12 文献，「民間部門の経営が優位である」と言う結論は 7 文献，「どちらとも言えない」と言う結論は 11

の水道事業体を分析対象にして，Hon et al.（2014）はマレーシアの水道部門を，Garcı́a-Sá（2006）は 24 のスペイン企業，Marta et al.（2017）はスペインの 70 自治体を分析対象にすると，公的な水道事業と民間による水道事業の経営効率性を比べた場合，明らかにどちらかが優れていると言う訳ではないとの結論を出している[25]。このように海外では水道事業の民営化が進んでいることから，DEA 分析等により公的な水道事業と民間部門による水道事業との間の経営効率性を比較して結論を出している。

　それに対して，日本では桑原（1998），高田・茂野（1998）等の規模の経済や範囲の経済が水道事業にあるかどうかの研究，あるいは経営効率性の要因分析が中山（2003），原田（2004）等を中心に盛んに行われている。しかし，日本の場合，業務の民間委託は進んでいるものの，第三者委託制度を導入している水道事業体は極めて少なく，海外のような官民の経営効率性を比較した分析は，知る限りだと神田他（2016）がある程度で非常に少ないように思える。

　現実の日本の水道事業は経営の効率性と言うよりむしろ，当年度純利益が発生しているかどうかに着目して，操業を行っているケースが多いように思える。当年度純利益が発生している限り，特に，過疎地域にある水道事業体は経営効率化や料金改定のインセンティブが発生しないのではないかと考える。そのため，ここでは官民連携，様々な民間委託指標が当年度純利益に与える影響を実証分析する。

　日本水道協会編『水道統計』には，水道事業の当年度純利益と純損失のデータを公表している。当年度純利益とは営業収益，営業外収益，特別収益で構成される総収益から営業費用，営業外費用，特別損失で構成される総費用を差し引いて，計上された利益金額である。営業収益の殆どは料金収入が中心の給水収益であり，営業外収益には国や県からの補助金だけでなく，他会計からの補助金も含まれている。したがって，公的な水道事業は独自の創意工夫から得ら

文献となっている。

25)　Bhattacharyya et al.（1995），pp. 759-784; Hon et al.（2014），pp. 292-312; Garcı́a-Sá（2006），pp. 355-371; Marta et al.（2017），pp. 1-25.

れる収益のみならず，国や県からの財政的援助で当年度純利益が発生してしまう可能性がある。

　ここでは当年度純利益の金額ではなく，当年度純利益が発生している水道事業体を1としたダミー変数を被説明変数としたロジット分析を行う。水道事業は独立採算を原則とするものの，現実的には減価償却費や受水費等の営業費用と同時に，企業債の起債による支払い利息の増加で，営業外費用も嵩んでしまうケースもある。そのため，当年度純利益と言うよりむしろ，当年度純損失が発生している水道事業体も多数存在する。

　説明要因には環境変数と政策変数を用いた。環境変数には人口密度と各水道事業体の主水源を考えただけでなく，水道事業体が装置産業であるため，減価償却費伸び率も加えた。また，政策変数には様々な民間委託指標と水道ビジョン策定ダミーを使っている。人口密度は先行研究でも頻繁に使われている説明要因であり，都市部と地方部との間にある経営格差を考慮して加えたものである。人口密度の増加は水需要の増大を引き起こすため，人口密度の期待符号は正となる。

　さらに，水道事業の広域化により受水団体となる末端給水事業と自己水を保有する用水供給事業とでは，経営環境が異なることが予測されるであろう。特に，図5-1で示したように，受水費の占める割合は減価償却費の次に大きなものとなっていた。水供給サービスの卸売値が上昇することで，受水費が増加した結果，末端給水事業の経営は圧迫されるかもしれない。

　ただその一方で，原水・浄水を受水している末端給水事業は，広域化に伴う規模の経済や範囲の経済から生ずる便益を享受している可能性もある。結果として，受水費の増加によるマイナス要因と人口規模拡大に伴う1人当たり固定費減少のプラス要因を比較した結果が重要となろう。原水・浄水受水ダミーの期待符号は曖昧である。

　それ以外に，減価償却費は多くの水道事業で最も大きな費用割合を占めるものである。減価償却費の増加が著しい水道事業体の経営は困難になることが予測される。減価償却費伸び率は負の符号が期待されよう。

　政策変数として考えている水道ビジョン策定ダミーは，水道事業体が長期的な水需要予測に基づき，計画的な更新事業を行った結果，当年度純利益を発生させているかどうかを判別するために，説明要因として加えたものである。水道事業は総括原価主義を考慮して，3 から 5 カ年後に料金改定を行うことを予定しているが，実際には住民の反発により料金を改定できないケースがある。「水道ビジョン」を策定している水道事業体は適切な料金改定を行いながら，新設拡張，あるいは建設改良事業を実施し，当年度純利益を発生させている可能性が高い。そのため，水道ビジョン策定ダミーは正の符号を期待する。

　最後に，本分析で最も重要となる説明要因は様々な民間委託指標である。水道事業の民間委託指標は，① 第三者委託制度の導入有無に関するダミー変数，② 水道事業に従事する職員のうち外部委託に頼る人員委託割合，③ 営業費用のうち委託料の占める割合で定義している。①の民間委託指標は従来の指定管理者制度より一括委託があることから民営化の度合いが強いものである。②の民間委託指標は第三者委託制度に頼る側面があるものの，一部は第三者委託制度以外の委託に従事する職員が含まれている。③の民間委託指標は水道事業の民営化と言うよりむしろ，従来のアウトソーシングも含めた外部委託全般を意味している。委託料は第三者委託制度を導入していない水道事業体でも計上される費用項目である。

　ここで検証しなければならない仮説は「各水道事業体が第三者委託制度導入，あるいは民間委託により経営を効率化させた結果，当年度純利益を発生させている」と言うものである。第三者委託制度の導入，あるいは業務の民間委託が進むことで経営が効率的となり，当年度純利益が計上されるならば，これらの民間委託指標の期待符号は正である。

　実証分析に利用したデータは平成 18 年度から 30 年度の『水道統計』から集めている。分析対象期間は平成 19 年度から 30 年度までの 12 年間であり，この間に市町村合併や企業統合を経験した水道事業体は分析対象から除いている。また，現在給水人口が定義できない県による水道事業の操業，あるいは広域水道企業団も分析対象から取り除いた。したがって，各年度で分析対象とな

124

表 5-1　分析の記述統計量

	平成 18 から 30 年度				平成 27 から 30 年度			
	平均	標準偏差	最小	最大	平均	標準偏差	最小	最大
経営利益ダミー	0.436	0.496	0	1	0.430	0.495	0	1
新設・拡張事業ダミー	0.443	0.497	0	1	0.426	0.495	0	1
人口密度（人）	1451.65	1881.98	0	14601.17	1416.12	1886.68	0	14601.17
減価償却費伸び率（%）	3.997	27.61	−100	1784.30	3.38	24.64	−100	473.1085
水道ビジョン策定ダミー	0.276	0.447	0	1	0.425	0.494	0	1
原水・浄水受水ダミー	0.328	0.469	0	1	0.333	0.471	0	1
第三者委託制度導入ダミー	0.030	0.172	0	1	0.042	0.200	0	1
人員委託割合（%）	14.92	48.15	0	1183.33	18.25	58.00	0	1183.33
委託料割合（%）					12.83	17.41	0	72.20

（推計データの出所）図 5-1 と同じ。

　る水道事業体は 973 団体であり，全体で 11676（973 × 12）のサンプルとなる
バランスの取れたパネルデータを利用している。
　しかし，『水道統計（平成 18 から 30 年度)』では平成 26 年度以前の委託料に
関するデータが入手できないため，ここでは平成 27 年度から 30 年度までを分
析対象にしたモデル，サンプル数 3892（973 × 4）でも推計を試みている。実
証分析で利用したデータの記述統計量は表 5-1 にまとめてある。

5．民間委託の当年度純利益への影響の分析結果とその考察

　様々な民間委託指標を利用して，水道事業体の当年度純利益に及ぼす影響要
因を考えた実証分析の結果は表 5-2 にまとめてある。実証分析はハウスマン検
定を行った結果，平成 18 年度から 30 年度を分析対象にしたモデルでは変量効
果が採択された。また，平成 27 年度から 30 年度を分析対象にしたモデルでは
固定効果が採択されている。
　最初の推計モデルでは民間委託指標に第三者委託制度導入の有無を用いてい
る。推計の結果，減価償却費伸び率は期待通り負で有意となり，水道ビジョン
策定ダミーも期待通り正で有意となっている。ただ，第三者委託制度を導入し
ている水道事業体を 1 とした第三者委託導入ダミーは有意水準を満たす係数は
得られなかった。したがって，第三者委託制度を導入することで，水道事業体
の当年度純利益が発生しているとは言えない側面がある。
　さらに，今度は人員委託割合を説明要因にして推計を試みたところ，同じよ

表 5-2　水道事業民間委託の当年度純利益への影響

	平成 18 から 30 年度					
	係数	標準誤差	限界効果	係数	標準誤差	限界効果
人口密度	−2.81E−06	0.00001	−6.86E−07	−1.05E−06	1.03E−05	−2.57E−07
減価償却費伸び率	−0.004***	0.001	−0.001	−0.004***	0.001	−0.001
水道ビジョン策定	0.265***	0.042	0.065	0.264***	0.042	0.065
原水・浄水受水	−0.029	0.041	−0.007	−0.035	0.041	−0.009
第三者委託導入	−0.298	0.112	−0.073			
人員委託割合				−0.001	0.0004	−0.0003
委託料割合						
_cons	−0.296***	0.028		−0.289***	0.029	
Log likelihood	−7965.34			−7965.37		
Prob > chi2	0.000			0.000		
	変量効果			変量効果		
Hausman test	5.07			5.74		
サンプル数	11676			11676		

	平成 27 から 30 年度								
	係数	標準誤差	限界効果	係数	標準誤差	限界効果	係数	標準誤差	限界効果
人口密度	−0.0003	0.0003	−0.00006	−0.0003	0.0003	−5.84E−05	−0.0003	0.0003	−5.56E−05
減価償却費伸び率	−0.0004	0.002	−0.0001	−0.001	0.002	−0.0001	−0.001	0.002	−0.0001
水道ビジョン策定	0.874***	0.091	0.187	0.869***	0.091	0.186	0.853***	0.092	0.18
原水・浄水受水	−1.032***	0.514	−0.221	−1.027***	0.516	−0.219	−0.991**	0.516	−0.209
第三者委託導入	0.964	0.636	0.207						−0.001
人員委託割合				−0.002	0.002	−0.001			
委託料割合							−0.006**	0.003	−0.001
_cons									
Log likelihood	−1296.45			−1297.09			−1295.77		
Prob > chi2	0.000			0.000			0.000		
	固定効果			固定効果			固定効果		
Hausman test	35.79***			32.02***			33.00***		
サンプル数	3892			3892			3892		

　（注）***：1％有意水準を満たす。**：5％有意水準を満たす。*：10％有意水準を満たす。
（推計データの出所）図 5-1 と同じ。

うに期待通り正で有意な符号が得られなかった。水道事業体の当年度純利益を発生させる要因は，水道ビジョンを策定しているかどうかであり，水道ビジョン策定ダミーはここでも期待通り正で有意となっている。また，減価償却費伸び率も期待通り負で有意となっており，装置産業である水道事業の設備に関する維持管理は経営に大きな影響を及ぼすものと思われる。

　平成 27 年度以降を分析対象にした場合，水道ビジョン策定ダミーはどのモデルでも期待通り正で有意となっている。水道ビジョンを策定している水道事業体は長期的な計画に基づき，水需要予測に伴う料金改定と更新事業を行った結果，当年度純利益を発生させているものと予測できる。

　ただ，平成 27 年度以降を分析対象にしたモデルでは，減価償却費伸び率よ

りむしろ，原水・浄水受水ダミーが負で有意となっている。より最近では水道事業の広域化が進んだ結果，受水団体となる末端給水事業が増加したため，受水費の増加が経営に影響を及ぼすようになったと考えられる。

また，平成 27 年度から平成 30 年度を分析対象にしたモデルでは，第三者委託導入ダミーと人員委託割合は平成 18 年度以降の推計結果と同じように，有意水準を満たす係数は得られなかったものの，委託料割合は負で有意となっている。委託料割合については仮説検証が正しいならば，正の符号を期待していたが，実際には負の符号が確認されている。したがって，本分析の推計結果が正確であるならば，水道業務のアウトソーシングを中心とした民間委託は，必ずしも当年度純利益を発生させる要因とはならないのかもしれない。

特に，『水道統計（平成 18 から 30 年度)』に基づくと，平成 26 年度以降，水道事業の収入構成は大きく変化しており，具体的には，全国的に平成 26 年度より前は営業収益の割合が営業外収益のそれを大きく上回っていたが，平成 26 年度以降は両方の収益割合があまり変わらないのである。平成 26 年度以降，水道事業の営業外収益に長期前受金戻入が含まれたことで，営業外収益も営業収益と同じように重要な収入源となっている。平成 27 年度以降を分析対象にしたモデルにおいて，委託料割合が当年度純利益に負の影響を及ぼしたのは，水道事業全体の収入構成が大きく変化したためであると考えられる。

水道事業の総収益には営業外収益として国や県，あるいは他会計からの補助金も含まれている。民間委託が進むことで水道事業の経営が効率化することは予測されるが，その一方で様々な財政的援助は減るであろう。平成 30 年度以降，人口減少社会の影響を受けて，水道財政はより厳しくなることが予測される。水道事業を取り巻く環境，人口減少社会や節水器の普及に伴う料金収入減少等を考えると，過疎地域にある水道事業体は公的な操業にならざるを得ないと言えよう。

6. おわりに

水道事業の経営困難やインフラの老朽化から様々な官民連携，あるいは業務

の民間委託が積極的に検討されている。従来の既存研究を概観すると，海外では民間による水道事業の操業が進んでいることから，公的と民間の操業による経営効率性の比較分析が行われてきた。

　ところが，日本の場合，水道事業の官民連携はあまり進んでおらず，その研究成果も十分ではない。日本の水道事業は当年度純利益が発生している限り，経営の効率化に関するインセンティブが働かない可能性がある。そのため，本章では官民連携，具体的には，様々な民間委託指標が当年度純利益に及ぼす影響の分析を行ってきた。

　実証分析の結果，第三者委託導入，あるいは水道業務に携わる業務の民間委託は当年度純利益を発生させる要因として機能しておらず，委託料の割合が増える形での民間委託はむしろ，当年度純利益を発生させないことが確認された。このことは過疎地域にある水道事業を中心として，当年度純利益を増加させる営業外収益，具体的には，国や県，あるいは他会計からの補助金が水道事業の操業に重要であることを意味している。

　民間による水道事業の操業は財政的援助が期待できないだけでなく，料金の値上げ等も検討しなければならないであろう。ただ現実的には，水サービスの供給は生命維持に必要不可欠なものであり，官民連携が実現したとしても公的なモニタリングや法的な制約により大幅な収入増加は見込めないものと思われる。水道事業の官民連携に関する提案は，あくまで都市部の料金収入のみで操業可能な地域に留まるものと予測される。

　付記　本章は桃山学院大学20連280「水・社会インフラ整備更新の課題と展望」の研究助成を受けた成果の一部である。もっとも，当然ではあるが本章における見解とその誤りはすべて筆者にある。

参 考 文 献

井熊均・石田直美（2018）『新たな官民共同事業の進め方』学陽書房。
池田修（2003）「水道事業の民活・民営化の現段階」『環境技術』第32巻第4号。

128

太田正（2019）「水道事業をめぐる広域化等民営化の新たな動向と特徴―正水道法に基づく事業構造の改変を中心として―」『水資源・環境技術』第 32 巻第 2 号。

神田美香・大方大紀・神戸麻希・植田康大・唐井優希・村上純一・山本挙輝（2016）「持続可能な水道事業を目指して―民間活用と広域化による経営効率化―」『West論文研究発表会報告資料』。

楠田昭二（2008）「我が国における公営水道民営化の可能性」『産研論集』第 35 号。

工藤昭彦（2019）「県民不在の「みやぎ方式」」内田聖子編著『日本の水道をどうする⁉』コモンズ。

熊谷和哉（2003）「水道法の改正と今後の展望」『環境技術』第 32 巻第 4 号。

熊谷和哉（2004）「アジアの水道民営化状況について」『衛生工学シンポジウム論文集』第 12 号。

熊谷和哉・筒井誠二（2003）「水道民営化と日本の水道事業の方向性」『衛生工学シンポジウム論文集』第 11 号。

桑原秀史（1998）「水道事業の産業組織：規模の経済性と効率性の計測」『公益事業研究』第 50 巻第 1 号。

厚生労働省「水道法の一部を改正する法律（平成 30 年法律第 92 号）について」, https://www.mhlw.go.jp/content/10601000/000476639.pdf, 2021 年 3 月 20 閲覧。

厚生労働省「水道施設運営権の設定に係る許可に関するガイドライン（令和元年 9 月 30 日）」, https://www.mhlw.go.jp/content/000552925.pdf, 2021 年 3 月 20 日閲覧。

厚生労働省「水道事業における官民連携に関する手引き（改定案）」, https://www.mhlw.go.jp/content/10601000/000508861.pdf, 2021 年 3 月 20 日閲覧。

齋藤博康（2003）『水道事業の民営化・公民連携―その歴史と 21 世紀の潮流―』日本水道新聞社。

高田しのぶ・茂野隆一（1998）「水道事業における規模の経済性と密度の経済性」『公益事業研究』第 50 巻第 1 号。

内藤隆司（2018）「宮城県　水道事業へのコンセッション導入の問題点」尾林芳匡・渡辺卓也編著『水道の民営化・広域化を考える』自治体研究社。

仲上健一（2019）「改正水道法後の水道事業の民営化の論点」『水資源・環境研究』第 32 巻第 2 号。

中嶋信（2020）「宮城県の「水道事業民営化」と住民の課題」『住民と自治』第 682 号。

中山徳良（2003）『日本の水道事業の効率性分析』多賀出版。

日本水道協会編『水道統計（平成 18 から 30 年度）』。

橋本淳司（2019）『水道民営化で水はどうなるのか』岩波書店。

原田禎夫（2004）「水道事業の効率性分析」『経済学論叢』第 55 巻第 4 号。

堀真佐司（2019）「新たな水道広域化・民営化の動向と課題―水道実務者の立場から―」『水資源・環境研究』第 32 巻第 9 号。

松下眞（2003）「緊急時の対応と民活・民営化」『環境技術』第 32 巻第 4 号。

松永忠男（2003）「委託・民営化の問題点」『環境技術』第 32 巻第 4 号。

宮城県「みやぎ型管理運営方式導入可能性等調査業務報告書（概要版）」, https://www.pref.miyagi.jp/uploaded/attachment/697114.pdf, 2021 年 3 月 20 日閲覧。

宮城県企業局「平成 30 年 10 月 15 日宮城県上工下水一体官民連携運営（みやぎ型

管理運営方式）」, https://www.mhlw.go.jp/content/10900000/000379271.pdf, 2021 年 3 月 20 日閲覧。

宮城県企業局「令和元年 10 月 31 日宮城県上工下水一体官民連携運営（みやぎ型管理運営方式）」, https://www.mhlw.go.jp/content/10900000/000565566.pdf, 2021 年 3 月 20 日閲覧。

宮城県企業局「令和 2 年度「みやぎ型管理運営方式」に関する事業説明会資料」, https://www.pref.miyagi.jp/uploaded/attachment/813982.pdf, 2021 年 3 月 20 日閲覧。

村田瑞穂（2017）「課題への対応②：官民連携（PPP／PFI）」日本政策銀行地域企画部編著・地下誠二監修『水道事業の経営改革—広域化と官民連携（PPP／PFI）の進行形—』ダイヤモンド社。

Benito, B., F. Bastida, J. García, (2010) "Explaining differences in efficiency: An application to Spanish municipalities", *Applied Economics*, Vol. 42, No. 4.

Bhattacharyya, A., T. R. Harris, R. Narayanan, K. Raffiee, (1995) "Specification and estimation of the effect of ownership on the economic efficiency of the water utilities", *Regional Science and Urban Economics*, Vol. 25, No. 6.

California Debt and Investment Advisory Commission (2007) *Privatization vs Public-Private Partnerships: A Comparative Analysis*, https://www.treasurer.ca.gov/cdiac/publications/privatization.pdf（March 14, 2021）

Garcı´a-Sa´nchez, I. M.（2006）"Efficiency measurement in Spanish local government: the case of municipal water services", *Review of Policy Research*, Vol. 23, No. 2.

Hon, L. Y., T. H. Boon, C. Lee（2014）"Productivity, efficiency and privatization in the Malaysian water industry", *Journal of Southeast Asian Economies*, Vol. 31, No. 2.

Lannier, A. and S. Porcher（2014）"Efficiency in the public and private French water utilities: prospects for benchmarking", *Applied Economics*, Vol. 46, No. 5.

Lo Storto, C.（2013）"Are public-private partnerships a source of greater efficiency in water supply? Results of a non-parametric performance analysis relating to the Italian industry", *Water*, Vol. 5, No. 4.

Marta, S. V., María de los Ángeles G. V., Francisco, G. G., Andrés J., P. T.（2017）"Ownership and performance in water services revisited: Does private management really outperform public?", https://dialnet.unirioja.es/descarga/articulo/5696698.pdf（March 12, 2021）

Picazo-Tadeo, A. J., F. J. Sáez-Fernandez, F. Gonzalez Gomez（2009）"The role of environmental factors in water utilities' technical efficiency", *Applied Economics,* Vol. 41, No. 5.

第 6 章

国税と地方税における電子申告・納税制度の進展と成果

柏　木　　恵

1.　はじめに

　本章では，国税と地方税の電子申告・納税制度の進展と成果について検討する。

　新型コロナウイルスの発生により，感染防止と経済や生活の維持のために，特別定額給付金や各種の中小企業支援策が実施されたが，国民の予想に反して，行政の情報化が進んでいなかったことが問題視された。特別定額給付金では，マイナンバーカードによるオンライン申請も実施されたが，多くのトラブルが発生し，世の中が混乱した。2020年9月に菅内閣が発足し，デジタル庁が設置されることとなり，行政情報化の一層の推進が期待されている。

　日本電子計算開発協会（1965）『コンピュータ白書』によると，日本でコンピュータ（電子計算機）が初めて輸入されたのが1957年であった[1]。また，日本で最初に『通信白書』が刊行されたのは，1974年3月である。2000年以降も，2000年成立の「高度情報通信ネットワーク社会形成基本法（IT基本法）」，2001年の「e-Japan戦略」を経て，2013年に「行政手続における特定の個人を識別するための番号の利用等に関する法律」が成立し，マイナンバー制度が導入された。

---

1)　日本電子計算開発協会（1965）1ページ。

2016 年に「官民データ活用推進基本法」，2019 年には「デジタル手続法」が公布された。このように，日本は長年にわたり行政情報化に取り組んでいるが，いまだ道半ばである。しかし，今後，日本がさらに発展するには，行政情報化の進展が不可欠である。

日本での行政情報化の課題は，後述のとおり，1974 年の『通信白書』で指摘されており，50 年近く経った今も，根本的課題は克服されていない。なぜ，長年，行政情報化に取り組んでいるにもかかわらず，課題を克服できないのだろうか。行政情報化の特有の事情があるのだろうか。過去から現在の行政情報化について把握し，進展状況と課題を認識することが，今後の行政情報化の進展に必要だと考える。

進展状況や課題を把握するには，これまでの進捗状況や投資費用や運用・維持管理費用などのコスト情報，これまでの導入効果など，包括的で整合的な評価が必要なので，まずは実態を把握し，課題を明らかにすることから始める。

これまでの先行研究は管理会計学的見地からの情報システムの投資評価に関するものがみられる。松島（1999），櫻井（2001）を端緒に，バランスト・スコアカードを用いた有効性評価がなされている。財団法人日本情報処理開発協会（2007）や社団法人日本情報システム・ユーザー協会（2007）も評価方法が議論され，報告書が出されている。また，会計検査院が行政情報化の会計検査を行っているので，清水（2012）は，会計検査院の決算検査報告から各府省等の情報システム調達の課題を指摘している。日本財政学会や日本地方財政学会では，ほとんど議論がなされてこなかった。柏木（2006）では電子申告について，柏木（2015），（2019a），（2019b）では税務行政の電子化について検討しているが，予算や費用対効果の検証は行っていない。

本研究では，行政情報化の事業の中から電子申告・納税制度を選んだ。その理由は，電子申告・納税制度は 2004 年に開始されてから 15 年が経ち，日本の行政情報化の中では，最も国民や企業に広く浸透してきており，納税者の利便性や行政の業務効率化に貢献していると考えられるからである。

第 2 節では，日本の行政情報化の変遷について概観する。第 3 節では，電子

申告・納税の実現までの変遷について把握する。第4節では，国税の電子申告・納税について，第5節では，地方税の電子申告・納税について，第6節では，今後の展開について，それぞれ検討する。

2．日本の行政情報化の変遷

2-1　行政情報化の初期段階

　日本の行政情報化の歴史は長い。これまでも電算化，情報化，IT化，ICT化，デジタル化と名称を変えながら段階的に進んできた。

　中央省庁においては，1958年に，気象庁にコンピュータ（IBM704）が導入されたのが最初である。つづいて，労働省の広域職業紹介ならびに失業保険などに関するシステム，防衛庁の在庫管理システム，警察庁におけるオンライン・システムが導入された[2]。1971年度末現在では，185台が導入され，省庁別台数は表6-1のとおりである。研究，技術計算，社会保険，統計，財務管理，計画分析，人事給与，税務，警察業務，行政情報に関する検索などから使用された。

　一方，地方団体における行政情報化は，1960年に大阪市に電子計算機が導入されたことに始まる。都道府県では，1963年に東京都および神奈川県に導

表6-1　省庁別コンピュータ設置台数（1971年度末現在）

（単位：件，％）

省庁名	台数	構成比	省庁名	台数	構成比
総理府	5	2.7	厚生省	8	4.3
警察庁	5	2.7	農林省	7	3.8
北海道開発庁	1	0.5	通商産業省	21	11.4
防衛庁	44	23.8	運輸省	21	11.4
経済企画庁	1	0.5	郵政省	28	15.1
科学技術庁	9	5.0	労働省	7	3.8
法務省	1	0.5	建設省	11	6.0
外務省	2	1.1	自治省	1	0.5
大蔵省	6	3.2	計	185	100.0
文部省	7	3.8			

（出所）日本電子計算開発協会（1968）146ページ，3-1-7表。

2)　日本電子計算開発協会（1968）224ページ。

表 6-2　市区町村におけるコンピュータ適用業務の状況（1971 年 4 月 1 日現在）

（単位：件）

区分	統計	税務	財務管理	給与計算	住民管理	使用料	国保・年金	その他
特別区	14	8	6	14	8	−	14	7
指定都市	5	5	4	5	1	5	5	5
一般市	95	43	27	92	29	77	73	47
町村	35	5	3	29	3	28	29	6
一部事務組合	14	5	3	14	5	6	8	5
合計	163	66	43	154	46	116	129	70

（出所）日本電子計算開発協会（1968）148 ページ，3-1-10 表を一部修正。

入された[3]。都道府県では，人事給与，統計，税務，会計事務を中心に情報化が進められた。市区町村は表 6-2 のとおりである。統計，給与計算，国保・年金，使用料，税務，財務管理などに適用された。

　行政のコンピュータに関する閣議決定は，1968 年 8 月 30 日の「行政における電子計算機利用の今後の方策」が最初である[4]。基本的な考え方としてはコンピュータ導入の促進と利用の高度化が謳われた。

2-2　行政情報化に関する普遍的課題

　1974 年 3 月に出された『通信白書』の「第 2 部 暮らしと通信　第 2 章 情報化社会と通信　第 3 節 国民福祉と通信　7 行政と通信」には以下のように書かれている。通信技術は進歩したが，行政課題については，現在においても，いまだ同じ課題を持ち続けていることがわかる[5]。

　　現代における行政の役割は極めて重大なものとなってきている。福祉社会を指向する現代においては政府が国民生活全般に深い関係をもち，公共の福祉の実現に積極的に寄与しなければならない課題を担ってきている。これに伴い，高度化する政策決定，複雑化する実施事務，膨大化する事務

3)　総務省自治行政局地域情報政策室（2020）1 ページ。
4)　日本電子計算開発協会（1968）86-88 ページ。
5)　郵政省（1974）93-94 ページを引用。

量に対処し，更に国民に対する窓口サービスの改善を行うため，電気通信の果たす役割は大きい。現在，国及び地方自治体においてその所掌事務の円滑な運営を図るために，加入電話，加入電信を利用するほかに専用の通信網を設けているものが多い。最近においては，単に行政事務の運営のほかに国民に対するサービスの向上，特に窓口事務の改善の見地から積極的に電気通信を活用する傾向が強くなってきている。

　例えば，行政事務の末端機関として国民と直接接触する市町村においては，事務の簡素化，窓口事務の改善を図るため，ファクシミリシステムを使用するものが次第に多くなってきている。現在，ファクシミリシステムは，東京都渋谷区，中野区，藤沢市，千葉市，水戸市，長野市等に設置されており，戸籍謄抄本，身分証明書，住民票，印鑑登録証明等の受付け，交付事務に有効に使用し，住民へのサービス向上に寄与している。

　一方，中央省庁においても，運輸省の自動車登録検査事務，労働省の職業紹介事務，外務省の旅券発給事務等増大する行政事務に対応し，窓口事務の改善を図り，国民に対するサービスを向上するため，データ通信を含め，高度の電気通信技術が活用されている。特にデータ通信については現在計画中のものも相当数あり，今後一層増大することが予想されている。このため，これらシステムの効率的利用を図る必要があるところから，1960年度以来，行政管理庁及び郵政省が協力してデータ伝送，ファクシミリ通信及び電話のための総合的な通信ネットワークである行政情報通信ネットワーク（Administrative Information and Communication Network）の構想の検討を進めており，これまで基本構想の検討，行政情報流通の実態調査，システム設計など基礎的な調査研究を行っている。

2-3　1990年代から2005年までの変遷

　1990年代に入り，日本はバブル経済の崩壊に直面する一方で，米国では，クリントン政権のもと，「情報スーパーハイウェイ構想」が打ち出されため，日本においても情報化の推進が期待された。1993年8月には，内閣に「高度

情報通信社会推進本部」が設置され，1994年12月には，「行政情報化推進基本計画」が閣議決定された。政府の施策として，中期的展望のもとに全省庁を通じ計画的に情報化を推進することとされたのは始めてであった。1995年2月には「高度情報通信社会に向けた基本方針」が出された。

1999年12月には，「ミレニアム・プロジェクト（新しい千年紀プロジェクト）」が策定され，柱の1つに情報化が位置付けられた。

世界規模で生じている情報通信技術（IT）による産業・社会構造の変革に取り組み，IT革命の恩恵をすべての国民が享受でき，かつ国際的に競争力ある「IT立国」の形成を目指した施策を総合的に推進するため，2000年7月に内閣に「情報通信技術（IT）戦略本部」が設置されるとともに，「IT戦略会議」が設置された。2000年11月に「IT基本戦略」が取りまとめられ，2000年12月に「高度情報通信ネットワーク社会形成基本法（IT基本法）」が成立された。2001年1月に，IT基盤整備を目標とした「e-Japan戦略」が策定され，2003年7月には，ITの利活用を目的とした「e-Japan戦略II」が策定された。その後，2004年2月の「e-Japan戦略II加速化パッケージ」，2005年2月の「IT政策パッケージ2005」が策定された。

3. 電子申告・納税の実現までの変遷

2.では2005年までの日本の行政情報化の変遷をみてきたが，次に電子申告・納税の変遷に焦点をあてる。1994年12月の「行政情報化推進基本計画」では，電子申請という言葉は出ているが，まだ電子申告という言葉はなく，電子申請という言葉の中に電子申告も包含されていた。電子申告が議論されるようになったのは，1999年6月の国税庁の研究会であり，その後，以下のように，政府の政策の中に電子申告が明確に位置付けられるようになった。

3-1 国税庁の申告手続の電子化等に関する研究会

1999年6月に国税庁は「申告手続の電子化等に関する研究会」を設置した。10回の会合を経て，2000年4月に報告書『望ましい電子申告制度の在り方に

ついて』が公表された。

研究会では，① 納税者の利便性，② 納税者の信頼，③ 適正・公平の課税，
④ 税務行政の効率化・高度化の 4 点を基本的な考え方とし，電子申告の対象
税目，添付書類の取扱い，電子申告の方法，納税者等の認証，セキュリティの
確保などについて検討された。

3-2　経済新生対策とミレニアム・プロジェクト

「経済新生対策」（1999 年 11 月 11 日経済対策閣僚会議決定）において，「第 2 部
具体的政策　Ⅱ　21 世紀の新たな発展基盤の整備　3. 情報化の飛躍的推進
(3) 電子政府の実現」の中で，「国税の電子申告については，必要な実験を行う
など，その実現に向けての基盤の整備を推進する。」との内容が盛り込まれた[6]。

「ミレニアム・プロジェクト（新しい千年紀プロジェクト）について」（1999 年
12 月 19 日内閣総理大臣決定）において，2003 年度までに，国税の申告手続等を
インターネット等のネットワークで行うことの出来る電子申告システムを構築
し，一部の税目等について運用を開始するとして，電子申告の実現目標が設定
されるなど，電子申告は電子政府の実現に向けての先導的な取り組みと位置付
けられている[7]。

3-3　2000 年の行政改革大綱

2000 年の行政改革大綱では 「Ⅳ　行政事務の電子化等電子政府の実現　(2)
国民，企業と行政との間の情報化　オ　国庫金事務の電子化」において，「国税，
年金の徴収・支払等国庫金事務について，例えば，国税の申告等手続について，
平成 15 年度から，一部税目についてインターネット等による申告を可能とす
るなど，その電子化を推進する」と記載されている[8]。

---

6)　内閣府ホームページ（1999）を引用。
7)　首相官邸（1999）30 ページを参照。
8)　内閣官房行政改革推進本部（2000）を引用。

3-4　e-Japan 重点計画-2002

2002 年 6 月 18 日に IT 戦略本部が発表した「e-Japan 重点計画-2002」では，「Ⅱ　重点政策 5 分野　4. 行政の情報化及び公共分野における情報通信技術の活用の推進　(2) 施策の意義」の中で，「申請・届出等手続の電子化」の 2003 年度における姿が掲げられ，「申請・届出等手続の 電子化・実質的にすべての申請・届出等手続が，原則として 24 時間，自宅や事務所から行うことが可能となる。(例) 国税申告手続，電気通信事業関係手続，貿易管理関係手続，道路運送・海上運送・航空業関係手続」と記載された[9]。

こうして，電子申告・納税の必要性が高まってきた。

4. 国税の電子申告・納税の予算と導入効果

4-1　国税電子申告・納税の概要

国税電子申告・納税システムは e-Tax と呼ばれ，所得税，消費税，贈与税，印紙税，酒税などの申告や法定調書の提出，届出，申請などの各種手続をインターネット経由で行うことができるシステムである。また，全税目の税金の納付も，ダイレクト納付やインターネットバンキング，ペイジー (Pay-easy) 対応の ATM を利用して行うことができる。

国税の電子申告は，最初は名古屋国税局管内のみで開始された。2004 年 2 月に名古屋国税局管内において，所得税，消費税 (個人) の申告を開始し，3 月に，法人税，消費税 (法人) の申告，納税，申請・届出等 (納税証明書の交付要求，開始届出書) について実施された。2004 年 6 月に全国での運用が開始された。2004 年 1 月にはマルチペイメントネットワークを利用した「ペイジー (Pay-easy) 収納サービス」も開始された。

電子申告の運用開始後も改善がなされている[10]。2006 年度に所得税確定申告期間中は 24 時間受付が実施された。電子申告は当初は納税者本人の申告のみを想定していたが，2007 年 1 月には，税理士による代理送信が認められ納税

---

9)　IT 戦略本部 (2002) 58 ページより引用。

10)　日本税理士会連合会は毎年，「電子申告に関する要望事項」を提出している。

者本人の電子署名の省略が可能となった。利用者識別番号・暗証番号について
は，当初は紙による申請で，発行までに時間を要していたが，2007 年度には
即時発行が達成された。2013 年 1 月からは贈与税も電子申告可能となった。
2016 年 4 月からは添付書類として，イメージデータを送付できることとなった。
ダイレクト納付については，口座情報を 1 件しか登録できなかったが，2018
年度に複数の金融機関の預貯金口座情報を登録できることとなった。2019 年
10 月からは相続税も電子申告の対象となった。2020 年 1 月からは，スマートフォ
ンからもマイナンバーカードを利用した確定申告が可能となった。

4-2　国税電子申告・納税システムの予算

　図 6-1 は 2004 年度から 2020 年度の国税電子申告・納税システムの運用経費
の当初予算の推移である[11]。2004 年度は「国税電子申告・納税システムの全国
拡大に必要な経費」という名目で予算計上されていたが，2005 年度から 2020
年度は，「国税電子申告・納税システムの運用等に必要な経費」で予算計上さ
れている。2004 年度は，90 億 2576 万円（国税庁予算の 1.26％）で，2009 年度に

図 6-1　国税電子申告・納税システムの運用等経費の推移（2004 年度〜2020 年度）

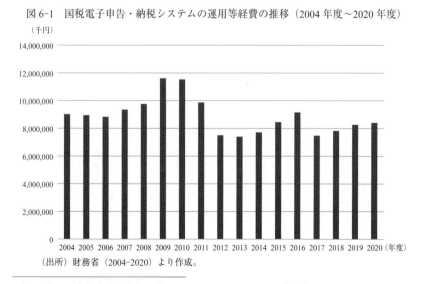

（出所）財務省（2004-2020）より作成。

---

11)　予算は，事業全体の当初予算であって，システムの運用等経費の額を示してはいない。

は116億2128万円（1.61％）とピークに達し，2012年度以降は80億円前後を推移している。2016年度が伸びたのは，マイナンバー制度導入によるシステム改修があったからである。2004年度から2020年度の17年間の当初予算の合計は1512億円である。国税庁の2004年度から2020年度の全当初予算に対する割合は1.25％である。

　では，1512億円の予算をかけて行っている電子申告・納税の利用実態や成果についてみていきたい。

4-3　国税電子申告の利用状況

　表6-3は2004年度から2019年度における所得税申告，法人税申告，消費税申告（個人），消費税申告（法人）の利用件数と利用率の推移である。所得税は，2004年度に1万8694件からスタートしたが，2007年度には，363万件となり，全所得税申告に占める電子申告の利用率が18.4％を占めた。2008年度には2倍近くの614万件，利用率は31.1％となり，2019年度には，1244万件，利用率は59.9％となっている。法人税は，2004年度に，1万7898件からスタートし，

表6-3　各税目の電子申告の件数と利用率（2004年度〜2019年度）

（単位：件，％）

税目		2004	2005	2006	2007	2008	2009	2010	2011
所得税	利用件数	18,694	34,842	490,584	3,633,890	6,136,866	7,842,775	8,625,820	8,907,933
	利用率	0.0	0.2	2.5	18.4	31.1	39.7	43.7	47.3
法人税	利用件数	17,898	32,484	100,857	510,626	982,505	1,273,465	1,508,620	1,521,278
	利用率	0.7	1.2	3.9	19.6	37.7	48.9	57.9	59.0
消費税（個人）	利用件数	3,030	9,638	101,975	286,986	443,706	548,523	601,688	588,084
	利用率	0.2	0.6	6.8	19.1	29.5	36.5	40.0	49.1
消費税（法人）	利用件数	13,216	33,524	117,193	580,928	1,118,060	1,449,615	1,670,209	1,158,219
	利用率	0.7	1.7	5.9	29.5	56.7	73.5	84.7	58.6

税目		2012	2013	2014	2015	2016	2017	2018	2019
所得税	利用件数	9,114,321	9,377,932	9,536,950	9,502,304	9,921,691	10,430,168	11,472,798	12,435,802
	利用率	50.4	51.8	52.8	52.1	53.5	54.5	57.9	59.9
法人税	利用件数	1,638,570	1,733,944	1,848,056	1,962,072	2,085,431	2,128,054	2,268,473	2,368,882
	利用率	63.6	67.3	71.6	75.4	79.3	80.0	84.3	87.1
消費税（個人）	利用件数	579,048	599,094	630,359	664,337	714,773	745,056	770,681	805,431
	利用率	51.0	53.5	56.0	58.8	63.2	66.1	68.5	70.4
消費税（法人）	利用件数	1,223,825	1,286,024	1,367,749	1,437,904	1,524,073	1,624,911	1,655,396	1,725,177
	利用率	62.7	65.9	70.3	73.4	77.3	81.6	82.6	86.8

　（注）利用率は各税目の申告数に占める電子申告件数の割合。
　（出所）国税庁資料および国税庁（2009-2020）『e-Taxの利用状況について』（各年版）より作成。

2007 年度には，51 万件となり，全法人税申告に占める電子申告の利用率が
19.6％を占めた。2008 年度には 2 倍近くの 98 万件，利用率は 37.7％にまで伸
びた。2019 年度には，237 万件，87.1％と高い利用率となっている。消費税（個
人）は，2004 年度当初は 3,030 件からスタートし，2007 年度には 29 万件となり，
全個人消費税申告に占める電子申告の利用率は 19.1％となった。2019 年度に
は，81 万件となり，利用率は 70.4％にまで伸びている。消費税（法人）も，
2004 年度は，1 万 3216 件からスタートし，2007 年度には，58 万件，全法人消
費税申告に占める電子申告の利用率は 29.5％となった。2008 年度には，前年
度 2 倍以上の 112 万件，利用率は 56.7％となった。2019 年度には，173 万件，
利用率 86.8％となっており，どの税目も電子申告の利用が拡大されていること
が確認できた。

4-4　オンライン申請受付の単価

電子申告の利用件数が増えるにつれて，コスト効率化は進むと考えられる。
国税庁が負担するオンライン申請受付 1 件当たりの費用をみてみると，2011

図6-2　オンライン申請受付 1 件当たりの費用の推移（2011 年度～2018 年度）

（出所）国税庁（2012-2020）『e-Tax の利用状況について』（各年版）。

142

年度は 508 円だったのが，2018 年度には 265 円まで下がっている（図 6-2）。

4-5　国税申告手続の事務処理削減時間

　今度は業務効率化に着目する。電子と紙を含めた国税申告手続の事務処理は，2014 年度は，89 万 2000 時間であった。2015 年度は，88 万 8000 時間（前年度より 2 万 6000 時間の削減），2016 年度は，86 万 9000 時間（前年度より 4,000時間の削減），2017 年度は，86 万 8000 時間（前年度より 1 万 9000 時間の削減），2018 年度は 83 万 3000 時間（前年度より 3 万 5000 時間の削減）である。5 年間で8 万 5000 時間の時間削減効果となった。1 時間当たりの所得税・法人税・消費税（個人）・消費税（法人）の申告処理数をみてみると，2014 年度は 15 件（1 件当たり 4 分）であったが，2019 年度は，19.4 件（1 件当たり 3 分）となり，効率化は進んでいる。

4-6　e-Tax 利用者の満足度

　e-Tax 満足度（2004 年度〜2019 年度）については，2004 年度は 58.8%，2005 年度は 54.8% であったが，2007 年度には，43.5%，2008 年度は，45.1% と低迷した。し

図 6-3　e-Tax 満足度の推移（2004 年度〜2019 年度）

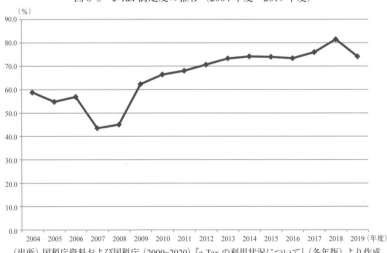

（出所）国税庁資料および国税庁（2009-2020）『e-Tax の利用状況について』（各年版）より作成。

かし，2010年度には，62.3％に回復し，それ以降は，緩やかな右肩上がりで，2012年度には，70.6％，2018年度には，81.5％となり，満足度は高まっている（図6-3）。

5.　地方税の電子申告・納税の予算と導入効果

つづいて，地方税の電子申告・納税ついて検討する。

5-1　地方税の電子申告・納税の概要

地方税の電子申告・納税は，地方税ポータルシステムeLTAX（エルタックス）で2005年1月より運用されている。eLTAXはelectronic（電子），Local（地方），TAX（税）を組み合わせた造語である。eLTAXでは，① 法人住民税・法人事業税，固定資産税（償却資産），事業所税の電子申告，② 給与支払報告書および公的年金等支払報告書の提出，③ 公的年金からの個人住民税の特別徴収，④ 電子納税および共同納税，⑤ 自動車税ワンストップサービスが実施されている。

運営は地方税共同機構が行っている。地方税共同機構は2019年4月1に設立された地方税法に基づく地方共同法人である。全国地方税務協議会[12]と地方税電子化協議会とOSS都道府県税協議会[13]を統合して設立された[14]。

5-2　地方税ポータルシステムeLTAXの変遷

地方税の電子申告・納税の変遷を詳細にみていく[15]。

---

12)　全国地方税務協議会は，地方団体間の税務行政運営上の協力を推進し，納税者の信頼に応える地方税制の確立に資することを目的として，1993年1月に都道府県の税務主管課長を会員として設立された。税務研修や調査研究，税務広報などを実施していた。
13)　OSSとは自動車保有関係手続のワンストップサービス制度の略称である。2004年6月にOSS都道府県税協議会が設立された。
14)　地方税共同機構の設立の経緯については，田中（2018）が詳しく述べている。
15)　自動車保有関係手続のワンストップサービス（OSS）については，2005年12月に新車新規のみに対する自動車税，自動車取得税申告が開始された。2015年4月には自動車税納付確認システムの運用が開始された。2017年4月には，OSS都道府県税共同利用化システムが稼働し，中古車新規登録，移転登録，変更登録，抹消，継続検査も対象となった。

2000 年 3 月に全国地方税務協議会において，「税務事務のあり方小委員会」を開催し，その中で地方税の電子化について検討され，全国の自治体が共同で地方税電子化システムを開発・運営する方向性が打ち出されたのが最初のきっかけである。2001 年 3 月には，「地方税電子化推進協議会」が設立され，電子申告の検討が行われた。2003 年 4 月に「地方税電子化協議会設立準備委員会」が発足され，システム化に向けた基本構想がまとめられた。2003 年 8 月には「地方税電子化協議会」が発足され，地方税の電子化に係るシステムの共同開発・共同運用のため，2003 年 10 月にシステム開発委託業者の公募が行われ，2003 年 12 月に，地方税電子申告システムの開発が着手された。

2005 年 1 月には，6 府県（岐阜県・大阪府・兵庫県・和歌山県・岡山県・佐賀県）において，法人住民税・法人事業税・固定資産税（償却資産）の電子申告が開始された。2005 年 8 月と 10 月には，7 都県（埼玉県・東京都・神奈川県・静岡県・愛知県・三重県・島根県）が電子申告を開始した。2006 年 1 月と 2 月に，33 道府県と 13 政令指定都市が開始し，全部で 59 団体となった。2006 年 4 月に，任意団体だった地方税電子化協議会は社団法人化された。

2008 年 1 月には，給与支払報告書・公的年金等支払報告書の提出，事業所税の申告が開始された。2008 年 3 月に，法人設立届当の提出と電子納税が開始された。2009 年 4 月には，地方税電子化協議会が経由機関となり，公的年金の特別徴収に対して，年金保険者と市区町村の間で，データ交換が行われることとなった。

2010 年 4 月には，全地方団体が eLTAX に接続した。2010 年 12 月に，国税連携に関し，指定法人として総務大臣が地方税電子化協議会を指定し，2011 年 1 月から国税連携システムの運用を開始し，所得税確定申告書の国税庁から地方団体へデータが送信されることとなった。

2013 年 5 月には，国税連携システムの機能に法定調書の国税庁から市区町村へのデータ送信が追加され，2013 年 6 月には，国税連携システムの機能に扶養是正情報等の市町村から国税庁へのデータ送信が追加された。

2014 年 1 月に，一定規模以上の事業者への給与支払報告書等の電子的提出

の義務付けを開始し，2015年12月には，全地方団体にて電子申告受付に対応する指定法人に指定された。2017年1月に　給与支払報告書等および源泉徴収票の電子的提出が一元化された。

　2019年10月には地方税共通納税システムが導入され，2020年4月より資本金1億円を超える大法人の電子申告が義務化された。2021年1月1日からは給与支払報告書・公的年金支払報告書の電子的提出基準が引き下げられ，2021年10月には金融所得課税に係る申告・納入手続が電子化される。

5-3　地方税共同機構の運営予算と費用負担

　地方税共同機構は地方税第1条第1項第1号の地方団体が共同して運営する組織として，地方税法第762条で規定された法人である。運営資金については，地方税共同機構定款の第33条で定められており，基本的に地方団体の負担金である[16]。

　地方税共同機構の事業活動収入は，民間助成金収入，基礎負担金収入，電子申告等関係費負担金収入，経由機関業務関係費負担金収入，国税連携関係費負担金収入，次期更改準備資金収入，扶養親族等申告書刷成費等負担金収入，OSS関係費負担金収入，受取利息収入，雑収入から成っている[17]。

　都道府県の負担金の内訳は，基礎負担金，電子申告等関係費負担金，国税連携関係費負担金，次期更改準備資金，OSS関係費負担金である。政令指定都

---

16)　定款の記載は以下のとおりである。
　（費用の負担）
　第33条　機構の運営に要する費用は，次の各号に掲げる収入をもって充てるものとする。(1) 地方団体の負担金，(2) その他の収入
　2　前項第1号に規定する負担金の額は，毎年，予算に定める負担金総額に基づき，別途理事長が定めるところにより算定するものとする。
17)　地方税電子化協議会の事業活動収入は以下のように区分されていた。① 会費収入，② 補助金等収入（民間助成金収入），③ 負担金収入（開発負担金収入，運用費負担金収入（現　電子申告等関係費負担金収入），運用費分担金収入，国税連携関係費負担金収入，次期更改準備資金収入，扶養親族申告書等の統合様式作成等負担金収入（現　扶養親族等申告書刷成費等負担金収入），④ 分担金収入（開発分担金収入，運用費分担金収入（現　経由機関業務分担金収入），⑤ 雑収入。

図6-4　事業活動収入の推移（2006年度～2021年度）

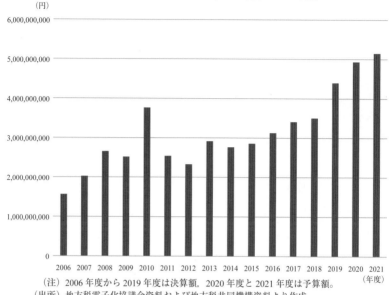

（注）2006年度から2019年度は決算額，2020年度と2021年度は予算額。
（出所）地方税電子化協議会資料および地方税共同機構資料より作成。

市と市区町村の負担金の内訳は，基礎負担金，電子申告等関係費負担金，国税連携関係費負担金，次期更改準備資金，経由機関業務関係費負担金，扶養親族等申告書刷成費等負担金である。

　図6-4は，2006年度から2021年度の事業活動収入の推移を示している。2006年度の事業活動収入は15億6590万円であったが，2019年度は，地方税共同機構が設立され，電子申告・納税と自動車税ワンストップサービスが統合されたので，2019年度は43億9908万円となり，2021年度の予算は50億円を超えると見込まれている。

5-4　地方税の電子申告・納税のシステム開発・運用費用

　本節では，システム開発・運用費用を把握する[18]。5-2で地方税ポータルシステムeLTAXの変遷をみてきたように，段階的に拡大しており，システムも

18）　地方税共同機構へのヒアリングによる。

第1次システム，第2次システム，第3次システム，第4次システムと発展している。

(1)　第1次システム（2003年度～2009年度）

第1次システムは，法人住民税，法人事業税，償却資産の申告システムである。当初は6団体からスタートしており，2003年12月から設計・開発が行われ，2005年1月から先行的に稼働した。2003年度の設計費が1.05億円，2004年度の設計・開発費は21.98億円，2005年度の開発・運用費が18.09億円，2006年度の運用費は12.59億円，2007年度の運用費は13.04億円，2008年度の運用費は15.59億円，2009年度の運用費は16.79億円で，合計額は99.13億円であった。

(2)　第2次システム（2008年度～2014年度）

第2次システムは，第1次システムに，① 事業所税の申告，② 給与支払報告書および公的年金支払報告書の提出，③ 申請・届出（法人設立・異動届），④ 電子納税を加えており，2010年11月から稼働した。開発経費は7.98億円で，2013年度には，4億円の追加開発が行われた。2010年度の運用費は13.37億円，2011年度の運用費は14.21億円，2012年度の運用費は14.21億円，2013年度の運用費は14.21億円で，2014年度の運用費は9.46億円で，合計で77.44億円であった。

(3)　年金特徴（経由機関）システム（2009年度～2014年度）

これは，公的年金からの個人住民税の特別徴収システムで，2009年3月から稼働している。開発費は4.73億円であった。開発費に2014年度までの運用費を加えると合計で14.42億円であった。

(4)　国税連携（所得税申告情報等）システム（2010年度～2014年度）

これは，所得税申告情報を国税庁と連携するシステムであり，2011年1月から稼働している。2010年度は，開発・運用費3.16億円，2011度は開発・運用費2.67億円，2012年度は追加開発・運用で3.30億円，2013年度は追加開発・運用で4.59億円である。合計で13.72億円である。

年金特徴（経由機関）システムと国税連携（所得税申告情報等）システムは，第3次システムに含まれることとなった。

148

（5）　第3次システム（2014年度〜2019年度）

　第3次システムは，特別徴収税額通知が追加され，2014年10月から稼働し2019年9月まで使用された。当初開発費は43.71億円で，個人住民税特別徴収通知，給与支払報告書，マイナンバー対応などの追加開発が14.33億円でなされた。5年間の運用費は87.75億円で，合計で145.79億円であった。

（6）　第4次システム（2019年度〜）

　第3次システムに，共通納税と法人決議情報（国税）などを加えたシステムであり，2019年10月から使用している現在のシステムである。当初開発費が51.58億円で，国税との情報連携強化，大法人の電子申告義務化，金融所得課税などの追加開発費は13.10億円であった。運用費は5年間（2024年9月まで）で120.37億円となっており，現時点では，合計で185.05億円である。

5-5　地方税ポータルシステム eLTAX の利用状況

　表6-4は2004年度から2019年度の地方税ポータルシステム eLTAX の利用状況を表している。2004年度に法人都道府県民税と法人事業税からスタートしたが，全地方団体が eLTAX に接続した2010年度以降は利用件数が大きく増えている。2019年度には，法人道府県民税・法人事業税・地方法人特別税は，306万件（利用率は73.7%）となった。法人市町村民税は318万件（利用率は72.9%），個人住民税は682万件，固定資産税（償却資産）も138万件，事業所税も2.7万件にまで達した。

5-6　eLTAX 利用者の満足度

　地方税共同機構は，2020年9月14日から2020年10月13日の間，ホームページ上で eLTAX 利用者満足度調査を行った。回答数1,061名，そのうち，税理士が74%，国や自治体職員が14%，法人の役職者，経理担当者が9%であった。

　電子申告については，満足が24%，やや満足が41%，電子納税は満足が20%，やや満足が21%である。電子申請・届出は，満足が15%，やや満足が35%であった。総合的評価は，満足が10%，やや満足が37%という回答であっ

表 6-4　地方税ポータルシステム eLTAX の利用状況（2004 年度～2019 年度）

（単位：件）

年度	法人都道府県民税・事業税・地方法人特別税	法人市町村民税	個人住民税	固定資産税（償却資産）	事業所税
2004	150	–	–	–	–
2005	5,756	464	–	723	–
2006	36,199	7,691	–	2,969	–
2007	306,376	65,129	29,655	23,186	38
2008	651,776	164,958	133,576	58,491	784
2009	951,801	398,718	470,297	129,515	2,042
2010	1,212,202	838,641	1,023,116	223,393	3,295
2011	1,482,431	1,258,719	1,495,766	314,075	5,129
2012	1,685,628	1,572,781	1,960,421	392,768	7,391
2013	1,885,761	1,889,190	3,183,162	499,068	9,726
2014	2,055,978	2,159,683	3,877,599	599,967	11,270
2015	2,225,981	2,369,663	4,493,503	761,283	13,135
2016	2,451,398	2,605,197	5,334,987	931,494	16,101
2017	2,686,809	2,823,351	6,371,964	1,105,959	19,842
2018	2,885,550	3,022,889	6,617,398	1,238,220	23,223
2019	3,061,486	3,181,046	6,820,266	1,378,157	27,322

（出所）総務省提供資料および総務省自治税務局（2020）7 ページおよび 17 ページより作成。

図 6-5　eLTAX の満足度

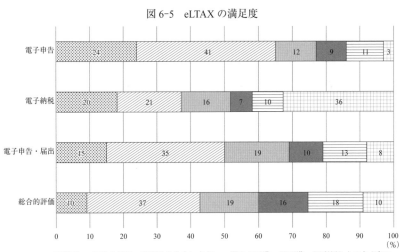

（出所）地方税共同機構（2020）より作成。

た。電子納税については，利用したことがないが 36％と多い理由は，共通納税が 2019 年 10 月から開始したことも影響していると考えられる（図 6-5）。

6．今後の展開

本章では，国税庁と地方税共同機構の今後の展開を概観する。

6-1　国税庁のスマート税務行政の取り組み

国税庁は 2017 年 6 月に『税務行政の将来像〜スマート化を目指して〜』を公表した。この将来像は，10 年後のイメージを示したもので，マイナンバー制度の導入をふまえて，ICT の活用による納税者の利便性の向上と課税・徴収の効率化・高度化を柱として，スマート税務行政に進化していくことを示している。納税者の利便性の向上の方向性として，① カスタマイズ型の情報発信，② 税務相談の自動化，③ 申告・納付のデジタル化の推進が掲げられた。課税・徴収の効率化・高度化の方向性として，① 申告内容の自動チェック，② 軽微な誤りのオフサイト処理，③ 調査・徴収での AI 活用が掲げられた[19]。

その後，国税庁は取組状況を周知するために，国税庁（2018），国税庁（2019）を公表した。国税庁（2019）では，電子申告・納税の関連の取り組みとして，取組例① スマートフォン・タブレットによる電子申告，取組例② 年末調整の簡便化，取組例③ マイナポータルを活用した確定申告の簡便化のイメージ，取組例④ 申告データの円滑な電子提出のための環境整備，取組例⑤ 企業が行う手続のオンライン・ワンストップ化，取組例⑥ チャットボットの導入，取組例⑦ 納付手段の多様化・キャッシュレス化の推進が紹介されている[20]。

また，国税庁（2020）では，「e-Tax（国税電子申告・納税システム）や国税庁ホームページの「確定申告書等作成コーナー」など，ICT（Information and Communication Technology）を活用した申告・納税手段の充実を推進する」と述べている[21]。

---

19)　国税庁（2017）6-15 ページを参照。
20)　国税庁（2019）5-12 ページを参照。
21)　国税庁（2020）7 ページを参照。

6-2　地方税における電子化の推進に関する検討会の取り組み

地方税共同機構では，2019 年から，学識経験者，地方団体，日本経済団体連合会，全国銀行協会，日本商工会議所，日本税理士会連合会，総務省および地方税共同機構で構成されている「地方税における電子化の推進に関する検討会」を開催し，今後の方向性を議論している。検討会は地方税における電子化の推進に関する検討会（2020）では以下のように取りまとめられた[22]。

① 　地方税共通納税システムの対象税目として，固定資産税・都市計画税，自動車税（種別割）及び軽自動車税（種別割）を対象に含めるべき。

② 　紙の納付書に QR コードを付す方策についても，引き続き検討するべき。

③ 　特別徴収税額通知（納税義務者用）について，2024 年度課税分の給与支払報告書から，eLTAX を経由して電子的に通知する仕組みを導入すべき。

④ 　軽自動車税関係手続等の電子化について，2017 年 1 月から対応することが最も効率的であり，納税者の利便性の向上に資すると考えられるため，その時点での実現に向けて，取組を進めるべき。

⑤ 　スマートフォン決済アプリによる納税に関する法制面での整理が必要。

7．おわりに

本章では，国税と地方税の電子申告・納税制度の進展と成果について検討した。第 2 節では，日本の行政情報化の変遷について概観し，第 3 節では，電子申告・納税の実現までの変遷について把握した。第 4 節では，国税の電子申告・納税について，第 5 節では，地方税の電子申告・納税について，第 6 節では今後の展開について検討した。

本研究で明らかにしたのは以下の 4 点である。

① 　日本の行政情報化は 1950 年代後半から始まった。1974 年の『通信白書』では，行政情報化について現在にも通じる普遍的な課題が述べられていた。日本は 1990 年代から行政情報化を推進するが，電子申告・納税の議論に

22）　加藤（2021）に詳しく述べられている。

ついては，1999年の国税庁の申告手続の電子化等に関する研究会が最初で，その後，経済新生対策，ミレニアム・プロジェクト，2000年の行政改革大綱，e-Japan重点計画–2002に，電子申告が掲げられるようになり，2003年度の開始を目標に掲げられていた。

②　国税電子申告・納税制度に関する2004年度から2020年度の17年間の当初予算の合計は1512億円であった。これに対して，国税電子申告の利用状況は，所得税は，2004年度に1.9万件からスタートしたが，2019年度には，1244万件（利用率59.9％）となった。法人税は，2004年度に，1.8万件からスタートし，2019年度には，237万件（利用率87.1％）となった。消費税（個人）は，2004年度当初は3,030件からスタートし，2019年度には，81万件（利用率70.4％）にまで伸びた。消費税（法人）も，2004年度は，1万3216件からスタートし，2019年度には，173万件（利用率86.8％）となっており，どの税目も電子申告の利用が拡大されていることが確認できた。また，国税庁が負担するオンライン申請受付1件当たりの費用をみてみると，2011年度は508円だったのが，2018年度には265円まで下がっていた。国税申告手続の事務処理削減時間については，2014年から2018年度の5年間で8万5000時間の時間削減効果となった。1時間当たりの所得税・法人税・消費税（個人）・消費税（法人）の申告処理数をみてみると，2014年度は15件（1件当たり4分）であったが，2019年度は，19.4件（1件当たり3分）となり，効率化は進んでいる。e-Tax満足度については，2004年度は58.8％，2005年度は54.8％であったが，2018年度には，81.5％となり満足度は高まっている。

③　地方税の電子申告・納税については，地方税共同機構設立までの地方税ポータルシステムeLTAXの変遷を概観し，地方税共同機構の運営予算と費用負担を把握するために，2006年度から2021年度の事業活動収入を検討し，地方団体の負担金の構造を分析した。また，地方税の電子申告・納税のシステム開発・運用コストを把握した。2004年度から2019年度の地方税ポータルシステムeLTAXの利用状況については，2004年度に法人都

道府県民税と法人事業税からスタートしたが，2019年度には，法人道府県民税・法人事業税・地方法人特別税は，306万件（利用率は73.7％）となった。法人市町村民税は318万件（利用率72.9％）と，個人住民税は682万件，固定資産税（償却資産）も138万件，事業所税も2.7万件にまで利用が拡大されていることがわかった。eLTAX利用者の満足度については，電子申告については，満足が24％，やや満足が41％，電子納税は満足が20％，やや満足が21％である。電子申請・届出は，満足が15％，やや満足が35％であった。総合的評価は，満足が10％，やや満足が37％という回答であった。

④　今後の展開として，国税庁の取り組みと地方税共同機構が開催している検討会の取り組みを把握した。

電子申告・納税制度は2004年に開始されてから15年が経ち，日本の行政情報化の中では，最も国民や企業に広く浸透してきており，納税者の利便性や行政の業務効率化に貢献していることが明らかになった。

本研究の残された課題としては，地方団体ごとの電子申告・納税に関する費用対効果分析や国民1人当たりの電子申告・納税による効果の検証などが挙げられる。

参 考 文 献

IT戦略本部（2002）『e-Japan重点計画-2002』https://www.kantei.go.jp/jp/singi/it2/kettei/020618honbun.pdf（2021年3月25日参照）

柏木恵（2001）「海外における電子申告の現状と徴税システムの新たな方向性」『行政&ADP』2002年7月号，8月号。

柏木恵（2006）「徴税業務効率化手法の必要性とその課題〜コンビニ収納，クレジット収納等の納税システム導入にあたって」『税』第61巻第8号，ぎょうせい，58-70ページ。

柏木恵（2015）「預金の差押・調査の電子化〜滞納整理の飛躍的進展に向けて」『税』第70巻第6号，ぎょうせい，9-24ページ。

柏木恵（2019a）「デジタル革新時代の地方税務の効率化―RPAやAIを活用して―」『税』第74巻第1号，ぎょうせい，9-27ページ。

柏木恵（2019b）「AI-OCR・RPAの活用の現状と課題」『税』第74巻第9号，ぎょうせい，10-19ページ。

154

加藤隆（2021）「地方税の電子化の進むべき方向―『夢』の実現に向けて」『地方税』 2021 年 3 月号，地方財務協会，2-8 ページ。

国税庁（2009-2020）『e-Tax の利用状況について』（各年版）。

国税庁（2017）『税務行政の将来像～スマート化を目指して～』https://www.nta.go.jp/ information/release/kokuzeicho/2017/syouraizou/pdf/smart.pdf（2021 年 3 月 25 日参照）

国税庁（2018）『「税務行政の将来像」に関する最近の取組状況』https://www.nta. go.jp/information/release/kokuzeicho/2017/syouraizou/pdf/syouraizo_3006.pdf（2021 年 3 月 25 日参照）

国税庁（2019）『「税務行政の将来像」に関する最近の取組状況～スマート税務行政 の実現に向けて～』https://www.nta.go.jp/information/release/kokuzeicho/2017/ syouraizou/pdf/syouraizo_r0106.pdf（2021 年 3 月 25 日参照）

国税庁（2020）『国税庁レポート 2020』。

財団法人日本情報処理開発協会（2007）『IT 投資マネジメント評価指針に関する調 査研究報告書』https://www.jipdec.or.jp/archives/publications/J0004390

財務省（2004-2020）『一般会計予算』（各年版）。

櫻井通晴（2001）『ソフトウェア管理会計』，株式会社白桃書房。

清水雅典（2012）「政府の IT 調達における課題等について―近年の決算検査報告等 に見る失敗の事例から―」『立法と調査』2012. 10 No. 333，140-159 ページ。

社団法人全国地方銀行協会（2009）『公金収納改革に向けた私どもの意見～便利で 低コストの収納実現を目指して～』https://www.chiginkyo.or.jp/app/images/pdf_ data/11_newsrelease/2009/news_8a.pdf（2021 年 3 月 25 日参照）

社団法人日本情報システム・ユーザー協会（2007）『IT 投資価値評価に関する調査研 究』https://www.meti.go.jp/policy/it_policy/softseibi/（test）ITinvestment-valuation GL.pdf（2021 年 3 月 25 日参照）

首相官邸（1999）『ミレニアム・プロジェクト（新しい千年紀プロジェクト）につ いて』https://www.kantei.go.jp/jp/mille/991222millpro.pdf（2021 年 3 月 25 日参照）

申告手続の電子化等に関する研究会（2000）『望ましい電子申告制度の在り方につ いて』https://www.nta.go.jp/about/council/e-tax/000419/arikata/01.htm（2021 年 3 月 25 日参照）

税・公金収納・支払の効率化等に関する勉強会（2019）『税・公金収納・支払の効 率化等に関する勉強会調査レポート』https://www.zenginkyo.or.jp/fileadmin/res/ news/news310334_1.pdf（2021 年 3 月 25 日参照）

総務省（2014）『御説明資料（地方税の電子化について）』https://www.soumu.go.jp/ main_content/000306124.pdf（2021 年 3 月 25 日参照）

総務省自治行政局地域情報政策室（2020）『地方自治情報管理概要～電子自治体の 推進状況（令和元年度）～』令和 2 年 3 月。

総務省自治税務局（2020）『令和 2 年度地方税の電子化に係る全国説明会総務省説 明資料』。

田中良斉（2018）「地方税共同機構の設立に向けて」『地方税』2018 年 6 月号，地方 財務協会，10-40 ページ。

地方税共同機構（2020）『eLTAX 利用者満足度調査結果報告書』https://www.eltax.lta.

go.jp/news/02876（2021 年 3 月 25 日参照）

地方税における電子化の推進に関する検討会（2020）『令和 2 年度地方税における
　　電子化の推進に関する検討会とりまとめ』https://www.lta.go.jp/news/02512（2021
　　年 3 月 25 日参照）

内閣官房行政改革推進本部（2000）『行政改革大綱』https://www.gyoukaku.go.jp/about/
　　taiko.html（2021 年 3 月 25 日参照）

内閣府（1999）『経済新生対策』https://www5.cao.go.jp/keizai1/keizaitaisaku/1999/19991111b-
　　taisaku.html#chapter2-2（2021 年 3 月 25 日参照）

日本税理士会連合会（2007-2019）「電子申告に関する要望事項」（各年版）https://
　　www.nichizeiren.or.jp/nichizeiren/proposal/other/e-tax_reform/（2021 年 3 月 25 日参
　　照）

日本電子計算開発協会（1965）『コンピュータ白書』。

日本電子計算開発協会（1968）『コンピュータ白書』。

日本電子計算開発協会（1971）『コンピュータ白書』。

松島桂樹（1999）『戦略的 IT 投資マネジメント―情報システム投資の経済性評価』,
　　株式会社白桃書房。

郵政省（1973）『通信白書』。

第 7 章

パンデミック下の米国の州財政行動

片 桐 正 俊

1. はじめに

　本章は，パンデミック下の米国の州財政行動の実態解明を課題としている。
とはいえ，パンデミックはまだ続いており，州経済・財政に関するデータも十
全に公表されているわけではないので，限られた公表資料を使っての 2021 年
3 月中旬までのほぼ 1 年間の州財政行動の分析となる[1]。

　2020 年 3 月 11 日に世界保健機関（WHO）が新型コロナウイルスのパンデミッ
ク認定を行い，3 月 13 日にはトランプ大統領が国家非常事態宣言を発出して，
スタフォード法に基づき 500 億ドルに上る連邦予算を州政府等が新型コロナウ
イルス検査や治療体制の拡充に充てる支援措置を取った。しかし，それも焼け
石に水で，新型コロナウイルスの感染拡大は全米に燎原の火のように広がり，
米国は新型コロナウイルス感染者と死者の数が世界一となり続け，WHO のパ
ンデミック宣言 1 年後の 2021 年 3 月 11 日には，感染者約 2915 万人，死者約
53 万人という惨状を呈するに至っている。米国を新型コロナ感染者・死者数
世界一の国にしている要因としては，トランプ政権の非科学的な場当り的対策・
失策，公的医療保障制度の不備，経済格差問題等を挙げることができる。

---

1)　先行研究には，2020 年 7 月までの短い期間ではあるが，米国州政府の財政危機リ
　スクを分析した田村（2020）がある。

　ただ，新規感染者数で見ると，米国は 2021 年 1 月初めがピークで，3 月 11 日にはピーク時の 5 分の 1 に減っている。これには，2020 年 12 月 14 日から始まったワクチン接種と 2021 年になってからのその本格化が貢献していることは間違いなく，バイデン政権は，全成人への接種を目指す構えである。

　では，パンデミック下 1 年間に米国経済はどのような打撃を受けたのか，CEA（2021）で実質 GDP と個人消費支出と失業率を見てみよう[2]。実質 GDP は，対前年同期比で，2020 年第 1 四半期 −5.0%，第 2 四半期 −31.4%，第 3 四半期 33.4%，第 4 四半期 4.1% となっている。個人消費支出は，2020 年第 1 四半期 13.1 兆ドル，第 2 四半期 11.9 兆ドル，第 3 四半期 12.9 兆ドル，第 4 四半期 13.0 兆ドルとなっている。失業率は，トランプ政権下で 2017 年 4.4%，2018 年 3.9%，2019 年 3.7% であったのが，2020 年には 8.1% となっている。特に月別の失業率を見ると，3 月 4.4% であったが，4 月 14.8%，5 月 13.3%，6 月 11.1%，7 月 10.2% と高い状態が続く。9 月 8.4%，10 月 7.8%，11 月 6.9% と低下し，2021 年 2 月現在 6.2% となっている。以上 3 つの経済的指標を見ても，パンデミックによる経済的打撃は特に 2020 年第 2 四半期が大きかったようである。

　さて，全米における新型コロナウイルスの感染拡大状況と経済的打撃の程度は上述のようであっても，州・地方によって感染対策の取り方や経済的事情が大きく異なるため，州・地方の財政行動も大きく異なるものとなる。そこで本章の課題に照らして，全米 50 州の中から 2021 年 3 月 11 日現在新型コロナウイルスの感染者数が一番多いカリフォルニア，2 位のテキサス，3 位のフロリダ，4 位のニューヨーク，それに 8 位のペンシルヴェニアの 5 州を分析対象にする。5 位はイリノイであるが，ラストベルトを代表し，人口規模ではイリノイを上回って 5 位のペンシルヴェニアを分析対象とする。地方財政も視野に入れるが，ある程度データが揃っているこれらの州財政を中心に検討する。

　一般的にいえば，パンデミックによって，経済が落ち込み，税収不足が顕著

---

[2]　CEA（2021），pp. 3-4, p.11.

となる一方，医療費（メディケイド）等の歳出が嵩めば，州財政は赤字となり，州政府はたちまち財政難に陥る。なぜなら，どの州も州憲法か州法によって，均衡予算原則が定められていて，歳入以上に歳出することを禁じられているからである。そこで背に腹は替えられず，サービス削減や増税に訴える州も出てくる。それ以外の主な代替策としては，経済の好調時に積み立てておいた雨天基金（財政安定化基金）を取り崩す方法と連邦政府からの財政的援助に頼る方法がある。もっとも州政府と連邦政府との関係では，連邦補助金のような形であれば州財政にプラスになるが，連邦政府が景気対策として打った減税政策が，連邦税と州税の課税ベースが全部ないし一部が一致しているケースでは，州税の減少としてマイナスに作用する場合もあるので，そう単純ではない。その他，連邦準備制度理事会（FRB）の金融政策による州財政への援助もある。

　以下では，新型コロナウイルス感染拡大の被害の大きかった，人口規模の大きい 5 つの州における財政行動の実態を検証する。

2.　新型コロナウイルスの感染拡大と米国経済及び大規模州への打撃

　ブルッキング研究所のハミルトン・プロジェクトの研究チームは，新型コロナウイルス感染拡大半年後の 2020 年 9 月に，それの米国経済への影響について分析し，次の①〜⑩のような事実を確認している[3]。

①　小規模事業者の収入は 2020 年 1 月以来 20％下落している。特にレジャー産業や接客業では事業収入が 2020 年 8 月には 1 月と比べて 47.5％も落ち込んでいる[4]。

②　そのため，事業破産は 2019 年と比べて増大している。

③　新規事業開設は 2020 年春には低下したが，近年を上回るペースで進んでいる。

④　レイオフや一時休業は，総労働時間の減少に拍車をかけている。

⑤　勤務していない労働力参加者の数は 2020 年 1 月から 4 月までの間に 4

3）　Bauer et al.（2020）.
4）　*Ibid.*, p. 7 Figure 1.

倍になった。

⑥　職に就きたいと望みながら就労できていない人の数は，2020年4月に450万人程急増したが増えたままになっている。

⑦　2020年4月に合衆国の貯蓄率は記録的な最高水準に達した。

⑧　子供のいる低所得世帯は，最も所得面での打撃を受けているようだ。

⑨　26州で，2020年7月時点で5世帯に1世帯以上が家賃を払えていない。

⑩　2018年から2020年中頃までに，子供のいる世帯では食料不足率が2倍になっている。

　次に，表7-1で新型コロナウイルスの感染者数の最も多い方の5州の経済指標を見て，経済的打撃の程度を検討してみよう。

　州GDPの落込み（変化率）と州失業率を見ると，カリフォルニアのGDP変化率とフロリダの失業率が全州平均より低いこと以外は，州GDPの変化率と州失業率のいずれにおいても，5つの州の方が全州平均と比べて同等以上に経済的に悪い数値になっている。

　カリフォルニアは全米で第4位の成長率を誇る州ではあったが，新型コロナウイルス感染の急増を受けて，2020年3月中旬に全米で逸速く出した自宅待

表7-1　パンデミック下の州経済の諸指標

（単位：10億ドル，％，人）

州　名	州GDP			州失業率			州政府雇用			地方政府雇用		
	2019年4月～12月（10億ドル）	2020年4月～12月（10億ドル）	変化率（％）	2019年4月～12月（％）	2020年4月～12月（％）	2020年12月（％）	2019年4月～12月（人）	2020年4月～12月（人）	変化率（％）	2019年4月～12月（人）	2020年4月～12月（人）	変化率（％）
全州	21,172	20,086	-5.1	3.6	9.5	6.7	5,435,678	5,167,533	-4.9	14,642,333	13,780,767	-5.9
カリフォルニア	3,132	3,007	-4.0	4.0	12.2	9.0	544,333	519,467	-4.6	1,818,122	1,676,622	-7.8
テキサス	1,843	1,700	-7.8	3.5	8.9	7.2	420,122	401,789	-4.4	1,350,967	1,314,556	-2.7
フロリダ	1,106	1,069	-3.3	3.0	9.2	6.1	258,122	246,300	-4.6	723,178	699,644	-3.3
ニューヨーク	1,776	1,647	-7.3	3.9	12.1	8.2	255,678	257,911	0.9	1,117,978	1,039,867	-7.0
ペンシルヴェニア	809	756	-6.6	4.4	10.5	6.7	155,589	150,578	-3.2	453,656	432,322	-4.7

（注1）4月から12月までの州GDPデータは，第2四半期と第3四半期について州GDPの平均値である。

（注2）州失業率は季節調整済みのデータである。

（出所）Urban Institute（2021）より作成。

機命令等で飲食業，娯楽，レクリエーション等の事業者が大きな打撃を受け，もともと高い失業率が一段と高くなった。しかし，シリコンバレーのIT産業には，コロナ禍は追い風となったため，州GDPの落込みは全州平均を下回った。

ニューヨークも新型コロナウイルスの急増とそれへの対応である都市封鎖等で芸術，娯楽，レクリエーション，飲食業，観光業等接客サービス業が大打撃を受けたため，州GDPの落込みも大きく，失業率もカリフォルニアに次いで高い。

テキサスの州GDPの落込みは，基幹産業の石油・ガスの需要減と石油価格の低迷が大きく影響して，5州の中では一番大きな州GDPの落込みとなっており，失業率は比較的高い。

フロリダは，観光産業，娯楽施設業界が特に大きな打撃を受けたが，5州の中では，州GDPも州失業率もともに悪化の程度は他の州よりは軽い。

ペンシルヴェニアは，ラストベルトで知られ，経済成長と雇用の拡大を期待できない産業が多いが，新型コロナウイルス感染拡大によって全州平均以上の経済的打撃を受けている。

次に，表7-1で州政府と地方政府の職員の雇用減の動きを見てみよう。州政府職員の雇用は，5州の中でニューヨークだけ若干増えているのが注目されるが，雇用減となっている他の4州のいずれでも，雇用の減少率が全州平均より小さくなっている点が注目される。他方，地方政府職員の雇用で増加している州は1つもなく，皆減少しているが，雇用の減少率が全州平均より大きいのがカリフォルニアとニューヨークの地方政府職員である。テキサス，フロリダ，ペンシルヴェニアの地方政府職員の雇用減少率は，全州平均より低い。いずれにせよ，州政府と地方政府の職員の雇用変化には，それぞれの財政状態が影響している。

3. パンデミック下の州財政の実態

3-1　パンデミックによる州財政支出への影響

州の財政支出全体は，州の自己財源（一般会計＋その他州資金）からの支出と連邦政府からの資金，それに公債収入を財源とする支出を合わせたものである。

表 7-2 に 2019 年度と 2020 年度の資金別の資本支出を含めた全ての州支出について，全州と 5 つの人口上位州の金額と構成比と対前年度変化率を示してある。

まず，州支出の合計額は，人口規模の大きい州の順と必ずしも同じ順にはなっていない。

人口規模 4 位のニューヨークの州支出が 5 州の中では 2 番目の位置にある。次に資金別支出では，州一般会計からの支出がどの州も 4 割前後で，連邦資金からの支出がどの州も 30％台を占めている。公債収入による州支出は，主に資本支出（公的固定資本形成）に充てられるが，構成比はわずかである。その他州資金からの支出は，10 数％から 20 数％の間にある。さらに，パンデミック前の 2019 年度とパンデミックに巻き込まれた 2020 年度の州支出の変化として，全州で連邦資金からの支出の金額と構成比が増加している。5 州の中では，それがカリフォルニアで最も顕著に見られるが，その他の州では必ずしもそうともいえない。

表 7-2 で，州支出の対前年度変化率を見ておこう。州支出の 2018 年度から 2019 年度（パンデミック前）の変化率と 2019 年度から 2020 年度（パンデミック中）の変化率を比較すると，後者で全州において連邦資金による州支出の比率が高まり，公債収入による州支出の比率が大きく低下している。連邦資金による州支出の比率の高まりは，連邦政府によるパンデミック対策としての支援金によるものである。公債収入による州支出の比率の低下は，パンデミック中に不要不急の公的固定資本形成のための支出は抑制されたためである。とはいえ，50 州全てがこのような行動に出たわけではない。同じように新型コロナウイルスの感染拡大が顕著であったカリフォルニアとニューヨークを比べると，連邦資金による州支出は前者では大きく増加しているのに，後者ではほとんど増えていない。また，「公債収入」による州支出も 5 州のうち 4 州は減っているのに，ペンシルヴェニアだけは増えている。

次に表 7-3 で，資金源泉別の州支出の機能別内訳を見てみよう。50 州全体で見て，資金源別に支出項目の重点が違う。「州一般会計」の場合は，初等・中等教育に資金の 35％程度を配分している。「その他州資金」と「公債収入」は，

表 7-2　資金別の資本支出も含めた全ての州支出（2019 年度，2020 年度）

（単位：100 万ドル，%）

州　名	2019 年度					2020 年度				
	州一般会計	連邦資金	その他州資金	公債収入	合計	州一般会計	連邦資金	その他州資金	公債収入	合計
金額（100 万ドル）										
全州	859,450	642,591	558,883	40,579	2,101,503	899,714	732,535	589,411	41,842	2,263,502
カリフォルニア	140,387	97,202	57,152	5,704	300,445	146,933	125,714	57,874	7,187	337,708
テキサス	52,897	42,570	24,618	961	121,036	59,676	43,860	25,608	380	129,524
フロリダ	32,958	28,598	19,369	1,650	82,575	33,942	31,609	23,873	1,565	90,989
ニューヨーク	72,783	60,416	31,138	6,538	170,875	77,469	60,688	28,654	6,170	172,981
ペンシルヴェニア	33,401	30,489	24,445	596	88,931	34,596	30,768	26,610	700	92,673
構成比（%）										
全州	40.9	30.6	26.6	1.9	100.0	39.7	32.4	26.0	1.8	100.0
カリフォルニア	46.7	32.4	19.0	1.9	100.0	43.5	37.2	17.1	2.1	100.0
テキサス	43.7	35.2	20.3	0.8	100.0	46.1	33.9	19.8	0.3	100.0
フロリダ	39.9	34.6	23.5	2.0	100.0	37.3	34.7	26.2	1.7	100.0
ニューヨーク	42.6	35.4	18.2	3.8	100.0	44.8	35.1	16.6	3.6	100.0
ペンシルヴェニア	37.6	34.3	27.5	0.7	100.0	37.3	33.2	28.7	0.8	100.0

対前年度変化率	2018 年度から 2019 年への変化率					2019 年度から 2020 年度への変化率				
	州一般会計	その他州資金	連邦資金	公債収入	全ての資金	州一般会計	その他州資金	連邦資金	公債収入	全ての資金
全州	5.2	5.3	3.9	20.5	5.1	4.7	5.0	14.0	3.1	7.7
カリフォルニア	12.5	13.3	5.3	96.3	11.4	4.7	3.7	29.3	26.0	12.4
テキサス	-4.9	4.5	8.1	-7.2	5.6	12.8	3.0	3.0	-60.5	7.0
フロリダ	4.1	5.6	4.4	5.6	5.2	3.0	10.5	10.5	-5.2	10.2
ニューヨーク	4.4	1.7	6.4	38.8	4.4	6.4	2.1	0.5	-5.6	1.2
ペンシルヴェニア	4.5	4.9	4.6	-4.9	4.7	3.6	5.8	0.9	17.4	4.2

（出所）NASBO（2020a），p. 8 Table 1, p. 9 Table 2 より作成。

「その他全て」支出に資金の 4 割超が配分されている。「連邦資金」支出は資金の 5 割強がメディケイド（低所得者医療扶助）に配分されている。4 つの資金を合わせた資金（50 州）で見ると，初等・中等教育に 2 割弱，メディケイドに 3 割弱，「その他全て」支出に約 3 割が配分されている。この配分はパンデミック前の 2019 年度とパンデミックに巻き込まれた 2020 年度とで比べてみても，そう大きな変化はないように見えるが，「連邦資金」の「その他全て」領域への配分比率は 2019 年度 20.7％から 2020 年度 24.6％に約 4 ポイントほど上昇している点に大きな変化が見られる。その配分比率の上昇理由は，利用している NASBO（2020a）の資料によれば，パンデミックに対応して CARES 法による連邦資金に適合する上位の支出領域の多くは，「その他全て」のカテゴリーに含まれるからである。具体的には，失業保険，公的医療保険プログラム，住宅

表7-3　資金源別の州支出の機能別内訳（2019年度，2020年度）

（単位：％）

年度	資金源	初等・中等教育	高等教育	公的扶助	メディケイド	矯正	交通	その他全て	合計
2019	州一般会計	35.5	9.6	0.9	19.7	6.6	0.7	27.0	100.0
	その他州資金	8.8	18.5	0.5	11.2	1.0	18.0	42.1	100.0
	連邦資金	8.7	3.5	2.3	58.0	0.1	6.8	20.7	100.0
	公債収入	6.6	12.6	0.0	0.0	1.7	34.6	44.5	100.0
	合計資金（50州）	19.7	10.1	1.2	28.7	3.0	7.8	29.4	100.0
2020	州一般会計	35.5	9.4	1.0	19.6	6.5	0.7	27.3	100.0
	その他州資金	8.2	18.0	0.4	10.9	0.9	19.0	42.6	100.0
	連邦資金	8.0	3.1	2.1	55.3	0.2	6.7	24.6	100.0
	公債収入	9.4	14.1	0.0	0.0	2.4	31.3	42.9	100.0
	合計資金（50州）	19.0	9.7	1.2	28.6	2.9	7.9	30.7	100.0
	カリフォルニア	17.6	6.8	3.4	28.6	4.7	6.5	32.4	100.0
	テキサス	28.0	14.5	0.0	28.9	3.0	10.8	14.8	100.0
	フロリダ	16.9	8.9	0.2	31.3	3.6	11.8	27.3	100.0
	ニューヨーク	19.5	6.2	2.1	37.1	1.9	5.3	27.9	100.0
	ペンシルヴェニア	17.3	2.2	1.0	35.1	3.3	14.7	26.4	100.0

（出所）NASBO（2020a），p. 13 Table 3, p. 16 Table 5 より作成。

支援，緊急マネジメント，経済救済，地方政府への支援，ブロードバンド・その他テクノロジーの改善が含まれる[5]。

　表7-3で，上位5つの州の機能別支出内訳を2020年度について見てみると，カリフォルニアが50州の合計より「その他全て」支出に支出配分しているのが目立つ。カリフォルニアのパンデミック拡大に対する連邦政府の財政的支援増が強く反映しているものと考えられる。ニューヨーク，ペンシルヴェニア，フロリダは「その他全て」支出の配分比率が50州の合計の場合より小さいが，逆に「メディケイド」支出の配分比率が50州の合計の場合より大きくなっている。これも，パンデミック拡大に対応する連邦政府の財政的支援増を反映しているものと思われる。テキサスはやや特異で，「初等・中等教育」支出と「高等教育」支出の支出配分が50州の合計の場合よりはるかに大きくなっている。逆に「その他全て」支出の支出配分が，50州の合計の場合の半分以下になっている点が特異である。

5)　NASBO（2020b），p. 2.

3-2　パンデミックによる州一般会計当初予算の修正

　州一般会計予算には均衡予算原則が適用される。米国の州予算の会計年度は，ほとんどの州では 7 月 1 日から始まり翌年の 6 月 30 日に終わる。そして 6 月 30 日の属する年を会計年度とする。

　2020 年度予算は，2020 年の 3 月からの新型コロナウイルスの感染拡大によって大きな影響を受け，均衡予算原則の下に大きく修正せざるをえなくなった。また 2021 年度予算も，新型コロナウイルス危機が始まる前に増額予算として成立させていた州もあれば，2020 年の 5 月，6 月といった新型コロナウイルス危機の真只中で，減額予算として成立させていた州もあり，2021 年度予算の執行過程において各州の経済的事情が変わるのに合わせて，均衡予算原則を貫くための予算管理戦略が必要となる。表 7-4 に，2020 年度と 2021 年度の予算管理戦略毎の採用州の数を挙げているが，特定の歳出削減，雇用凍結，雨天基金の利用，他の基金からの流用等を採用する州が比較的多いことが分かる。勿論 1 つの州で複数の戦略が採用されている。

　表 7-5 は，2020 年度と 2021 年度の州一般会計当初予算に対する，年度途中の予算修正額を示している。全州（50 州）の 2020 年度と 2021 年度のいずれにおいても，予算合計額は年度途中で減額となっている。新型コロナウイルス感染拡大による経済的打撃が税収減となって返ってくることを予測しての州の財政行動であるといえるだろう。しかし，全ての州が一律に年度途中で当初予算の減額修正を行っているわけではない。2020 年度では当初予算の減額修正を行った州の数の方が増額修正を行った州の数より多い。逆に 2021 年度は，当初予算の増額修正を行った州の数の方が減額修正を行った州の数より多い。なお，2020 年度予算では「公的扶助」や「メディケイド」は減額修正され，「そ

表 7-4　予算管理戦略別に見た州の数（2020 年度，2021 年度）

年度	一律の歳出削減	特定の歳出削減	解雇	一時帰休	雇用凍結	地方援助の減額	雨天基金の利用	他の基金から移転	前年度残高の流用	支払猶予	歳入増額	メディケイド給付変更
2020	7	15	2	3	19	3	15	13	10	2	2	3
2021	8	23	2	7	19	6	10	14	9	5	2	4

（出所）NASBO（2020d），p. 3 より作成。

表7-5　2020年度と2021年度の州一般会計当初予算に対する年度途中の予算修正額

(単位：100万ドル)

州　名	会計年度	初等・中等教育	高等教育	公的扶助	メディケイド	矯正	交通	その他	合計
全州（100万ドル）	2020	-3,397.3	-1,095.0	-19.4	-1,532.2	-753.6	-99.9	4,500.5	-2,397.0
予算増額した州の数	2020	10	4	7	8	9	2	17	13
予算減額した州の数	2020	13	16	10	17	13	8	17	21
全州（100万ドル）	2021	-7,371.0	-922.7	1,873.5	5,479.9	399.1	-109.5	-5,591.1	-6,242.0
予算増額した州の数	2021	26	28	20	31	27	9	27	28
予算減額した州の数	2021	14	13	7	7	13	8	14	15
カリフォルニア	2020	-3,106.7	-366.6	0.0	12.7	23.7	8.3	2,682.6	-746.0
(100万ドル)	2021	-10,389.5	-1,647.2	1,409.3	-12.7	309.7	-88.5	-3,461.8	-13,880.7
テキサス	2020	NA	NA	NA	NA	NA	NA	NA	TBD
(100万ドル)	2021	0.0	0.0	0.0	0.0	0.0	0.0	0.0	0.0
フロリダ	2020	0.0	0.0	0.0	0.0	0.0	0.0	0.0	0.0
(100万ドル)	2021	366.6	5.5	-17.2	275.9	116.2	0.0	4.0	751.0
ニューヨーク	2020	0.0	0.00	0.0	0.0	0.0	0.0	0.0	0.0
(100万ドル)	2021	387.0	631.5	77.4	-158.3	-152.7	348.0	-5,820.7	-4,687.8
ペンシルヴェニア	2020	157.0	0.0	-2.0	-543.0	-75.0	0.0	-12.0	-475.0
(100万ドル)	2021	NA	NA	NA	NA	NA	NA	NA	0.0

　（注）NA は利用不可。
（出所）NASBO (2020c), p.15, p.17 より作成。

の他」が増額修正されているのに対し，2021年度予算では「公的扶助」や「メディケイド」は大幅に増額修正され，「その他」が大幅に減額修正されている。これには，連邦補助金や連邦支援金が関係していると思われる。

　人口規模の大きい5州で目立つ点は何か。新型コロナウイルス感染拡大による経済的打撃の極めて大きかったカリフォルニアとニューヨークで，特に2021年度当初予算の減額修正が行われている。とりわけカリフォルニアが「初等・中等教育」と「高等教育」の予算を大幅に減額修正しているのが目立つ。カリフォルニアもニューヨークもともに2021年度の「その他」予算が減額修正されているが，これは予算修正時点で次の連邦支援金の予測が立っていないことを反映していると思われる。

3-3　新型コロナウイルスの経済的打撃による州一般会計税収の落込み

　不況が来て税収が落ち込むと，均衡予算を義務づけられている州財政は途端に苦境に陥る。表7-6は，2019-2021年度期の州一般会計税収の構成比と対前

表 7-6　州一般会計税収の構成比と年変化率（2019-2021 年度）

（単位：%）

州　名	会計年度	州一般会計税収の構成比（%）				州一般会計税収の年変化率（%）			
		売上税・使用税	個人所得税	法人税	合計税収	売上税・使用税	個人所得税	法人税	合計税収
全　州	2019	28.6	42.8	6.7	100	3.6	3.7	22.5	5.2
	2020	29.1	43.1	6.3	100	0.0	-1.1	-7.0	-1.6
	2021（予算成立時）	30.0	41.8	6.7	100	1.1	-4.7	3.8	-1.7
	2021（2020 年秋）	29.2	42.5	6.9	100	-4.0	-5.7	3.0	-4.4
カリフォルニア	2019	18.1	68.6	9.7	100	4.7	5.8	14.3	6.6
	2020	17.9	68.4	9.9	100	-4.6	-3.7	-1.5	-3.4
	2021（予算成立時）	17.2	64.8	13.8	100	-17.5	-18.8	19.2	-14.3
	2021（2020 年秋）	17.2	64.8	13.8	100	-17.5	-18.8	19.2	-14.3
テキサス	2019	51.6	0.0	0.0	100	-3.4	NA	NA	1.2
	2020	54.5	0.0	0.0	100	2.0	NA	NA	-3.5
	2021（予算成立時）	54.4	0.0	0.0	100	11.4	NA	NA	11.6
	2021（2020 年秋）	56.9	0.0	0.0	100	-0.9	NA	NA	-5.1
フロリダ	2019	76.0	0.0	9.3	100	5.2	NA	30.1	7.0
	2020	78.4	0.0	7.9	100	-3.1	NA	-21.2	-6.1
	2021（予算成立時）	78.4	0.0	8.3	100	9.9	NA	14.9	9.8
	2021（2020 年秋）	77.9	0.0	7.6	100	-1.8	NA	-5.0	-1.2
ニューヨーク	2019	18.2	60.9	7.8	100	1.7	-8.5	11.9	-1.2
	2020	17.2	63.8	8.0	100	6.0	17.6	15.8	12.3
	2021（予算成立時）	17.1	62.6	9.8	100	-16.8	-17.6	2.1	-16.1
	2021（2020 年秋）	16.3	62.3	10.1	100	-23.8	-20.7	2.1	-18.8
ペンシルヴェニア	2019	31.8	40.4	9.7	100	6.9	5.2	18.0	0.8
	2020	33.5	39.8	8.8	100	-2.5	-8.9	-16.8	-7.4
	2021（予算成立時）	32.0	43.8	8.2	100	2.4	18.1	0.0	7.3
	2021（2020 年秋）	32.0	43.8	8.2	100	2.4	18.1	0.0	7.3

（注）NA は利用不可を表す。
（出所）NASBO（2020c），pp. 66-71 より作成。

年変化率を示している。

　まず全州（50 州）で見た場合，州一般会計の主な税財源は売上税・使用税が 30%前後，個人所得税が 40%少し超，法人税が 6%少し超である。しかし，人口規模の大きい 5 つの州に目をやると，基幹税が州毎に相当違いがあることに気づく。カリフォルニアは，個人所得税が 60 数%を占める。テキサスは，売上税・使用税が 50%強を占め，個人所得税，法人税は課税していない。ニューヨークは，個人所得税が 60%強である。ペンシルヴェニアは，個人所得税と売上税・使用税の 2 つが柱となっている。

　次に，州一般会計税収の年変化率を見てみよう。合計税収の年変化率は，全州で見ても，5 つの大規模州で見ても，ニューヨークを例外として，好景気であった 2019 年度はプラスの伸び率となっている。全州では 5.2%の伸びとなっている。ところが，パンデミックに見舞われた 2020 年は，ニューヨークを除いて

マイナスの伸び率となっている。しかも，2021年度予算の税収変化率見通しは，2021年度予算成立時よりも年度途中の2020年秋では，新型コロナウイルスの感染拡大が収まらずに続いているところから，全州でも，5つの人口大規模州でも，当初予測と変わらない州もあるが，総じて税収の一段の落込みを予測する傾向が見られる。特にカリフォルニアとニューヨークが新型コロナウイルスによる経済的打撃が大きく，基幹税である売上税・使用税と個人所得税の厳しい落ち込みを予測している。なおカリフォルニアの個人所得税の減収見通しには，同州の勤労所得税額控除の拡充の影響も含まれている[6]。

3-4 一般会計期首残高と雨天基金残高の取崩し

2007-2009年大不況後の好景気下において，州によって差があるものの50州全体で見れば，一般会計期首残高と雨天基金残高を合わせた合計残高は，かなり積み上がってきていて，2019年度がそのピークであった。新型コロナウイルスによる経済的打撃で税収の落ち込んだ州は，均衡予算原則を貫くために，一般会計期首残高と雨天基金（財政安定化基金）を取り崩し，財政収支ギャップを埋める行動を取ることになる。

表7-7は，2019-2021年度期における雨天基金残高と雨天基金残高・一般会

表7-7 雨天基金残高と雨天基金残高・一般会計残高合計額の年度別金額と対一般会計歳出比（2019-2021年度）

（単位：100万ドル，％）

州　名	雨天基金の残高						雨天基金と一般会計の残高合計					
	残高合計額（100万ドル）			残高合計額の対一般会計歳出比（％）			残高合計額（100万ドル）			残高合計額の対一般会計歳出比（％）		
会計年度	2019	2020	2021	2019	2020	2021	2019	2020	2021	2019	2020	2021
全州合計	79,040	69,295	59,844	9.1	7.9	7.8	121,602	105,526	81,238	14.0	11.7	10.2
全州中央値				7.9	8.0	8.4				13.9	12.3	10.7
カリフォルニア	23,001	15,813	11,376	16.4	10.8	8.5	26,176	18,988	14,551	18.6	12.9	10.9
テキサス	10,099	9,699	8,788	19.8	16.4	16.8	14,820	9,020	6,903	28.3	15.3	13.2
フロリダ	1,483	1,574	1,674	4.5	4.6	4.7	3,973	7,397	3,041	11.9	21.5	8.5
ニューヨーク	2,048	2,476	2,476	2.8	3.2	3.4	7,206	8,944	6,717	9.9	11.5	9.2
ペンシルヴェニア	22	340	NA	0.1	1.0	NA	22	-2,394	NA	0.1	-7.0	NA

（注）NAは利用不可を示す。
（出所）NASBO（2020c），p. 91, p. 93より作成。

---

6)　NASBO（2020c），p. 73.

計残高合計額の年度別金額と対一般会計歳出比を示したものである。

　雨天基金と一般会計の残高合計欄を見ると，パンデミック前の 2019 年度からパンデミックに襲われ，新型コロナウイルスの感染拡大が進んでいった 2020 年度と 2021 年度へと，残高合計金額は減少し，その対一般会計歳出比も低下している。人口規模の大きい 5 州ではどうか。州によって相当バラツキがある。カリフォルニア，テキサスは，雨天基金と一般会計の残高合計を著しく取り崩している。フロリダ，ニューヨークは残高合計をあまり取り崩していない。ペンシルヴェニアは，残高がほとんどないか，残高がマイナスで，他に財政収支ギャップを埋める手段を求めねばならない状態にある。

　雨天基金の残高に話を移そう。全州の残高合計は，ピーク時の 2019 年度には 790.4 億ドルにまで積み上がっていたが，2021 年度までに 192 億ドルを取り崩し，598.4 億ドルにまで減少している。それに合せて，その残高合計額の対一般会計歳出比も 2019 年度の 9.1％から 2021 年度の 7.8％へと低下しているが，その中央値は 2019 年度の 7.9％から 2021 年度の 8.4％へと上昇している点は注目に値する。カリフォルニアとテキサスは 2019 年度までの好況期に雨天基金を相当積み上げていたので，2020 年度と 2021 年度に取り崩す余地が十分あるが，フロリダ，ニューヨークはパンデミック前の雨天基金残高の積上げが少なく，パンデミック期に入ってもそれを取り崩さずに，むしろ残高を増やしており，その一般会計歳出比も上昇さえしている。ペンシルヴェニアは好況期でさえ，雨天基金の残高を積み上げる余裕のない財政状態であった。

3-5　地方政府の財政状態と州政府の地方援助の態様

　NASBO（2020d）を参考に，地方政府の財政状態を見ておこう[7]。州政府と同様に，地方政府の財政状態は，2007-2009 年大不況後の全体的には緩やかな経済成長と経済の安定性の改善の長い道程の後に，パンデミックの結果として急速に変化した。都市の一般会計収入は 2019 年には力強く増加していた。ほと

---

7)　*Ibid.*, p. 100.

んどの州と同様に，ほとんどの都市も 2020 年度に 3 カ月程のパンデミック不況に見舞われることになった。2020 年度の都市一般会計収入の対前年度変化率はゼロに近い 0.4% に過ぎなかった。回答のあった都市の 87% は，2021 年度は都市の財政需要を満たせないと述べている。

では，このような財政的窮状にある都市に対して，州政府はどのような財政行動を取ったのか。これも州の財政状況や，州と地方との関係において一律ではない。ただ財政的に苦境にある州が戦略的に地方への財政的支援を削減したケースも表 7-4 に示されるように，幾つかはある。しかし 2021 年度には緩やかながらも，州の地方への財政的援助の増加が見られる。

ここでは，州の地方への援助について，削減したカリフォルニアと増額したニューヨークの事例を紹介しておこう[8]。カリフォルニアは，2021 年度の州の学校区向け資金交付基準のための生計費調整を削除し，また 2022 年度の学校区向けの基準に基づく約 110 億ドルの資金交付を先延ばしにした。ニューヨークは，取扱い要件や法律上の要件に従って，主な地方援助プログラムや節約提案のための州の財政的支援を拡大した。

4. 連邦政府の州・地方への財政的支援と新型コロナウイルス救済基金，自治体信用供与枠（MLF）の運用実態

4-1 連邦政府の州・地方への財政的支援

連邦政府と議会は，2020 年 3 月から 2021 年 3 月までの 1 年間に次の第 1 弾〜第 5 弾のように，5 度新型コロナウイルス対策（経済対策）法案を成立させている[9]。

第 1 弾：2020 年 3 月 6 日にはワクチン開発などに充てる 83 億ドルの緊急補正予算を成立させている。そのうち 1 億ドルは，主に公的医療に充てるために州・地方政府に援助するものである。

第 2 弾：2020 年 3 月 18 日には，1050 億ドルの財源のついた家族第一コロナ

8) *Ibid.*, p. 99.
9) Gordon（2020），p.15; Peterson（2021），pp. 2-4.

ウイルス救済法を成立させている。うち 400 億ドルはメディケイド・マッチングレートを引き上げるために，州・地方政府に援助するものである。

　第 3 弾：2020 年 3 月 27 日には，新型コロナウイルス援助・救済・経済保障（CARES）法を成立させている。CARES 法は，財源 2.3 兆ドルのうち州・地方政府に 2000 億ドルの援助を与えるもので，援助の中身は新型コロナウイルス救済基金に 1500 億ドル，教育安定化基金に 310 億ドル（初等・中等教育に 2 分の 1，高等教育に 2 分の 1），交通補助金に 250 億ドルを配分するものである。新型コロナウイルス救済基金は，医療緊急事態の中で発生した諸費用をカバーするために直接州・地方政府に対して財政的支援を行うものである。

　CARES 法はまた，州，25 万人以上の都市，50 万人以上のカウンティ，州指定の都市やカウンティ，歳入債発行者に利用できる，5000 億ドルの連邦自治体信用供与枠（MLF）を設けるために，350 億ドルを用意している。

　第 4 弾：2020 年 12 月 27 日に，9000 億ドルの新型コロナウイルス対策法案（経済対策法案）を成立させている。26 日に期限の切れた 1200 万人の失業給付を再延長する他，中小企業の雇用維持に 3250 億ドル，ワクチンの普及など医療体制の整備に 690 億ドルの資金枠を設定する等が主な対策であるが，民主党が要求していた州・地方政府への直接的援助は含まれていない。ただ，賃貸住宅援助プログラム向けに，州・地方政府に対して 250 億ドルの連邦援助金が用意されている[10]。

　第 5 弾：2021 年 3 月 11 日にバイデン政権は，1.9 兆ドルの米国救済計画（ARP）法を成立させている。家計支援が中心で，1 人当たり最大 1400 ドルを支給する（年収 8 万ドル以上は対象外）。失業者は州政府から週平均 370 ドルを受け取っているが，連邦政府が週 300 ドル加算する。そのために連邦政府は 2500 億ドルを用意する。ワクチン普及や検査等コロナウイルス対策に 4000 億ドル，中小企業向けに 500 億ドル充てる。そして，州・地方政府が予算不足を脱却するのを助け，財政的打撃を緩和するために 350 億ドルを充てる[11]。実際この米国

---

10)　Wikipedia（2021a）.

11)　Wikipedia（2021b）.

172

救済計画法で，州・地方政府は新型コロナウイルスによる経済的・財政的打撃を緩和できるようになった。

4-2　新型コロナウイルス救済基金と自治体信用供与枠（MLF）の運用実態

（1）　新型コロナウイルス救済基金の運用実態

　CARES法は，新型コロナウイルス救済基金に1500億ドルの資金を供与する。そのうち1390億ドルが州政府用に，80億ドルがテリトリー政府用に，30億ドルが先住民政府用に充てられる。以下では，連邦政府から直接州政府及び指定された人口50万人以上のカウンティに交付される，1390億ドルの配分状況を見る。

　CARES法は，新型コロナウイルス救済資金が支払われる資格目的を定めている。それによれば，資格のあるのは，新型コロナウイルスに関係する公的医療の逼迫のために支出が必要となったプログラムである。新型コロナウイルス基金からの支払いを，新型コロナウイルス感染拡大に関わる収入不足を直接埋めるために使うことはできない。しかしながら，新型コロナウイルス基金によって支払われる諸費用が，それがなければ，政府の支出と収入のギャップを広げてしまうような場合には，間接的には収入不足の援助になるかもしれない[12]。

　表7-8で，新型コロナウイルス救済資金の州・地方への配分状況を見てみよう。資金配分率の高い上位10州は，人口規模別順位と同じ順位になっているが，どの州でも資金配分率は人口比より低い数値になっている。これは，人口比の低い州でも一律に12億5000万ドルの資金配分を受けており，これらの下位州では資金配分率が人口比と同じかそれより高いからである。最低限の12億5000万ドルの配分を受けている州は，全部で21州ある。

　次に同表で，カウンティ向け新型コロナウイルス救済資金の連邦直接交付の州別推計を見てみよう。連邦から直接資金を交付してもらえるカウンティの数は全米で136あるが，新型コロナウイルスが都市部において蔓延しているとこ

---

12)　Driessen（2020），p. 2.

表7-8　新型コロナウイルス救済資金の州・地方への配分

コロナ救済資金 配分率の高い 上位 10 州	新型コロナウイルス救済資金の州別配分推計				カウンティ向け新型コロナウイルス救済資金の連邦直接交付の州別推計		
	配分額 (10億ドル)	配分率 (%)	人口 (1,000 人)	人口比 (%)	連邦からの直接援助資格のあるカウンティ数	利用可能援助額 (10億ドル)	州の配分額に対する割合 (%)
カリフォルニア	15,321	11.0	39,512	12.1	16	5.796	37.8
テキサス	11,243	8.1	28,996	8.9	12	3.205	28.5
フロリダ	8,328	6.0	21,478	6.6	12	2.472	29.7
ニューヨーク	7,543	5.4	19,454	5.9	6	2.408	31.9
ペンシルヴェニア	4,964	3.6	12,802	3.9	7	1.029	20.7
イリノイ	4,914	3.5	12,672	3.9	5	1.395	28.4
オハイオ	4,533	3.3	11,689	3.6	5	0.775	17.1
ジョージア	4,117	3.0	10,617	3.2	4	0.614	14.9
ノースカロライナ	4,067	2.9	10,488	3.2	3	0.481	11.8
ミシガン	3,873	2.8	9,987	3.0	4	0.792	20.4
全 50 州合計	139,000	100.0	327,534	100.0	136	29.214	20.6

（出所）Driessen（2020), pp. 3-4, pp. 6-7 より作成。

ろから都市部のカウンティが多く指定を受ける。実際に上位 10 州で 74 カウンティ（54.4％），上位 5 州で 53 カウンティ（38.9％）が連邦から直接資金を交付されている。「それらのカウンティが直接連邦から受け取る資金」の「州に直接連邦から交付される資金」に対する割合を見ると，カリフォルニアのカウンティの割合が 37.8％と一番高く，50 州平均では 20.6％となっている。

(2)　自治体信用供与枠（MLF）の運用実態

　Labonte（2021）によれば，MLF は 2020 年の春に債券市場における利回りの上昇と流動性の低下に対応するために，州・地方短期債を買い入れた。MLF は，州，ワシントン DC，少なくとも人口 50 万人はいる大きなカウンティ，少なくとも人口 25 万人いる大都市の租税や指定された収入をあてにして発行される公債のみを買い入れた。MLF は，使うことが認められた 5000 億ドルの大半を使い，2020 年末に援助残高 64 億ドルで役目を終えた[13]。

　どの州ないし地方自治体がこの MLF を利用したのか。PCT（2020）に挙げられている事例を見てみよう[14]。イリノイがこれを利用した最初の州で，2020 年 6 月に 1 年債を MLF に売却している。同年 8 月 18 日はニューヨークのメトロポリタン交通庁（MTA）が 2 番目の利用者で，公募した新規発行者の全ての入

---

13)　Labonte（2021), pp. 5-6.
14)　FRBNY（2021), p. 1.

174

札が低調になってしまった後の状況で MLF を利用するようになった。MTA は短期債 4 億 5100 万ドルを MLF に売却した。

　いずれにせよ，2020 年の 3 月から 12 月までの間に，地方債市場の状態は，全て MLF のおかげではないが，MLF の幾度かの地方債買入のアナウンスメントと実行によって著しく改善した。FRBNY（2021）によれば，利回りは著しく低下し，ミュチュアルファンドには顕著に資金が流入し，地方債発行も勢いを取り戻した。このような地方債市場の状態の改善は，州・地方政府が緊要な公的固定資本投資の資金調達にうまくアクセスすることを保証する助けとなっている[15]。

5. 2017 年減税・雇用法（TCJA）と 2020 年 CARES 法税制改正措置の州・地方税への影響

5-1　2017 年減税・雇用法（TCJA）の州・地方税への影響

（1）　TCJA の州所得税への影響

　トランプ政権下に成立した 2017 年減税・雇用法（TCJA）は，連邦所得税・法人税制に大きな変更を加えた[16]。10 年間総額 1.5 兆ドルの大規模減税法で，所得税率をこれまでの 10％〜39.6％（7 段階）から 10％〜37％（7 段階）に引き下げ，合わせて標準控除の引上げ，人的控除の廃止，州・地方税控除に 10,000 ドルの上限設定等を行っている。また，法人税率を 35％から 21％に引き下げ，法人の代替ミニマム税を廃止している。

　州税にとって TCJA は何が問題なのか。それは，TCJA の所得税の変更が，連邦所得税と州所得税の課税ベースの全部または一部がリンクしているために，州税収に大きな影響を与える可能性があるからだ。連邦所得税の標準控除の引上げと人的控除の廃止にそのままリンクしている州にとっては，人的控除の廃止の効果が少し大きいだけで，2 つの控除変更は相殺し合う。それと対照的に，

15）　PCT（2020），p. 5.
16）　2017 年減税・雇用法（トランプ減税）による連邦所得税・法人税制改革の詳細と分析に関しては，片桐（2018），片桐（2019）を参照。

この 2 つの控除のうちのどちらか一方としか州所得税がリンクしていない場合には，その州の所得税収入は激変してしまう[17]。

　州・地方政府は均衡予算原則に拘束されていて，連邦政府のように赤字公債を発行して不均衡財政にしておくことはできない。したがって州・地方政府は，赤字財政に陥りそうになれば借入れ以外の何らかの形で増収を図るか，歳出削減をせざるをえない。2017 年減税・雇用法は，連邦政府の税制改革であるが，所得税や法人税の課税ベースを連邦に何らかの形でリンクしている州が多いため，リンクの程度により州税収は大きく落ち込むことになる。しかもパンデミックの影響で州の経済・税財政が大きな打撃を受ける前に，TCJA によって大きな打撃を受けていた州もあることを押えておかねばならない。

　さて，州は連邦所得税法に州所得税法をどのようにリンクしているのであろうか。表 7-9 は 2017 年末現在の所得の定義に関する州所得税と連邦所得税の関係を示したものである。Huffer et al.（2019）を参考に，説明しよう[18]。幅の広い個人所得税を有する 41 州の中 30 州とワシントン DC が連邦の調整所得（AGI）から州所得税の計算をする。コロラドやミネソタ等の 5 州は連邦の課税所得から州所得税の計算をする。AGI というのは，個人退職勘定拠出金，学生ローン利子等の控除後の納税者の総所得のことである。課税所得は，TCJA 以前は，AGI から人的控除と連邦標準控除かまたは項目別控除のいずれかを差し引いたものとして計算されていた。アラバマ等の 6 州は，所得税計算の出発点として連邦 AGI も連邦課税所得も使っていない。

　Huffer et al.（2019）に拠れば，州所得税の課税ベースに連邦 AGI を使っているほとんどの州は，通り抜け（パススルー）事業損失控除の制限が重大な要因となる州以外は，州の収入にほとんど影響はないと見ているが，TCJA には，もし対応しなければ，著しく州所得税に影響を与えるような税制上の変更が含まれているとして，次のような変更点を挙げている[19]。

---

17)　Huffer et al.（2019），p. 205.

18)　*Ibid*., p. 206.

19)　*Ibid*., pp. 209-210.

表7-9　連邦2017年減税・雇用法実施前の所得の定義に関する州所得税の連邦所得税との関連

連邦課税所得				
コロラド	ミネソタ	ノースダコタ	サウスダコタ	ヴァーモント
連邦調整総所得				
アリゾナ	カリフォルニア	コネチカット	デラウェア	ワシントンDC
ジョージア	ハワイ	アイダホ	イリノイ	インディアナ
アイオワ	カンザス	ケンタッキー	ルイジアナ	メイン
メリーランド	ミシガン	ミズーリ	モンタナ	ネブラスカ
ニューメキシコ	ニューヨーク	ノースカロライナ	オハイオ	オクラホマ
オレゴン	ロードアイランド	ユタ	ヴァージニア	ウェストヴァージニア
ウィスコンシン				
州独自の所得の定義				
アラバマ	アーカンソー	マサチューセッツ	ミシシッピー	ニュージャージー
ペンシルヴェニア				

（注1）アラスカ，フロリダ，ネヴァダ，サウスダコタ，テキサス，ワシントン，ワイオミングは
個人所得税を課税していない。ニューハンプシャー，テネシーは利子と配当にのみ課税し
ている。
（注2）この表は，減税・雇用法が連邦議会で可決された2017年12月22日時点での事実を踏まえ
ている。
（注3）アイダホ，オレゴンはともに，連邦政府の通り抜け（パススルー）所得に対する課税の取
扱いと同じ取扱いをしている。
（出所）Huffer et al.（2019），p. 207.

① 連邦標準控除を単身者は6,500ドルから12,000ドルに，世帯主は9,550ド
ルから18,000ドルに，夫婦は13,000ドルから24,000ドルに引き上げたこと
② 人的控除額を4,150ドルから0ドルに引き下げることによって人的控除
を廃止したこと
③ 児童税額控除を資格ある子供1人につき，1,000ドルから2,000ドルに引
き上げたこと，最大還付額を1,000ドルから1,400ドルに引き上げたこと等
④ 児童税額控除の資格のない扶養者に500ドルの税額控除を創設したこと
⑤ 適格な通り抜け（パススルー）事業所得に20%の所得控除を設けたこと
⑥ 州・地方税控除を10,000ドルに制限すること
⑦ 高所得納税者に対してピース制限として承認されている項目別控除の制
限を廃止したこと
⑧ 免税額と免税額が消失しだす水準の両方を引き上げることによって，代
替ミニマム税に服する納税者の数を減らすこと
これらの連邦税制の変更点が州税制にどこまで対応を迫り，州がどのような

行動を取ったのか，調査データがないので詳しいことは分からないが，TCJA
の所得税改革の中の州・地方税控除額を 10,000 ドルに制限するという点は，州・
地方税収に直接影響するものであり，一定の調査・研究があるので，検討して
おきたい。

(2)　TCJA の州・地方税合計控除額 10,000 ドル上限設定（SALT キャップ）
　　の影響

TCJA は，2018 年から 2025 年までの間，連邦所得税から州・地方税控除を
請求できる金額に 10,000 ドルの上限（SALT キャップ）を設定した[20]。以下，
SALT キャップの問題点を詳しく検討している Driessen and Hughes（2020）の要
点を紹介しよう[21]。

第 1 に，TCJA における SALT キャップの設定は，これから数年間 SALT 控
除行動にかなり影響を及ぼす。標準控除額の引上げ（2018 年から 2025 年までの間，
標準控除額を TCJA 前から約 2 倍に引上げ）は，SALT や他の項目別控除の利用制
限と並んで，これから数年間に出される SALT 控除請求の数を著しく減らすこ
とになると予想される。

第 2 に，SALT 控除は，控除を受ける税の一部が効果的に連邦政府によって
支払われるために，納税者にとって州・地方税のコストを軽減する。したがっ
て，SALT キャップは控除額を減らすことによって，州・地方税の納税者にとっ
てコストを増やすことになる。そうしたことは，州・地方の税と支出の行動に
影響を与えることになるかもしれない。なぜなら州・地方政府は，均衡予算原
則に拘束されているため，SALT キャップによる州・地方税の減収は，支出の
削減や他の収入源の増加で相殺される必要があるからだ。

第 3 に，SALT 控除額への SALT キャップの影響は，部分的には州・地方の
租税政策の関数となっている。州政府が課す所得税及び売上税と地方政府が課

---

20)　TCJA の州・地方税合計控除額 10,000 ドルの上限設定（SALT キャップ）の概要と
　　分析に関しては，日本語文献に中村（2018），英語文献の代表的なものに Driessen and
　　Hughes（2020）がある。
21)　Driessen and Hughes（2020），Summary と本文。

す財産税及び利用者課徴金を合わせた水準には，全国的に見て相当の開きがある。これらの租税のベースとなる所得や物価の水準の開きが，SALT キャップ問題の表出差のいま 1 つの原因となっている。内国歳入庁（IRS）のデータは，2017 年には，ニューヨークで請求された平均 SALT 控除額（23,804 ドル）はアラスカの平均の 4 倍以上となっていることを示した。

　第 4 に，SALT キャップは主に高所得の納税者に影響を及ぼしている。州・地方税の支払いは，所得税構造の直接的関数として，また高所得は消費増とそれ故に売上税・財産税の支払い増を導くために，所得が上るにつれて増加する傾向がある。そのため，所得が増えると高所得の納税者は，SALT キャップ額を超えて SALT に好適な税の支払いをするようになる。節税の観点からすると，SALT 控除の恩恵もまた，連邦税控除額は納税者の限界所得税率に比例するために，所得の高い納税者ほど大きくなる。議会合同租税委員会（JCT）は，SALT 控除の 2019 年度の恩恵の半分以上は，20 万ドル以上の所得を持つ納税者に生じると予測している。

　では，実際に州は SALT キャップにどのように反応したのか，Driessen and Hughes（2020）から事例を引いてみよう[22]。

　TCJA 制定の後，幾つかの州政府は，税法を改正して，住民が SALT キャップに晒されるのを弱めることができるようにした。内国歳入法セクション 170 に規定されている連邦所得税の慈善寄附金控除を受ける資格のある，州の団体への慈善寄附金に対して，州税を税額控除できる法律を制定した州が幾つかある。それに対し，連邦内国歳入庁は，「連邦歳入法セクション 170 の資格要件を満たしていない」という形で，セクション 170 に基づく慈善寄附金控除の利用を制限する最終ルールを発出している。また IRS の規制を覆そうとする法案もあったが，それは 2019 年 10 月に上院で否決されている。

　その他，州の中には，通り抜け（パススルー）事業所得のある納税者に SALT キャップの影響を軽減する目的で，「パススルーによる回避策」の使用を試し

---

22)　*Ibid.*, pp. 10-11.

てみているところもある。SALT キャップは，取引や事業を行うことに関係する SALT 控除は制限していない。そのため，SALT 税の納付がパススルー事業所得と関係のある納税者は，他の個人所得税の納付と同じように SALT キャップに服さなくてもよい。

また，州の中には，TCJA の制定後 SALT キャップに関連して法的手段に訴えた州もある。すなわち，2018 年 7 月に合衆国政府に対し訴訟を起こし，SALT キャップの合憲性に挑戦したのである。だが，2019 年 9 月に，連邦地方裁判所は，SALT キャップは合憲であるとの判決を下し，判決理由として，それは憲法に違反して特定の行政区画を罰するものではないと主張した。

さて，SALT 控除は，一般的には高所得の納税者の数が相対的に多く，税も高い州に恩恵がある。表 7-10 は，2018 年 10 月現在における，州別の調整総所得（AGI）に対する州・地方税額の比率を，比率の高い上位 10 州と比率の低い下位 10 州に分けてみたものである。

本章で注目している人口規模の大きいカリフォルニア，テキサス，フロリダ，

表 7-10　州別の調整総所得に対する州・地方税控除額の比率

(単位：%，ドル)

	州　名	調整総所得に対する州・地方税控除額の比率（%）	州の割合（%）	納税者当たりの調整総所得（ドル）	項目別控除納税者の割合（%）
上位10州	ニューヨーク	9.40	13.10	80,260	34.90
	ニュージャージー	8.80	5.90	84,472	41.80
	コネチカット	8.50	2.50	92,782	41.60
	カリフォルニア	8.10	20.70	79,332	35.20
	メリーランド	7.90	3.20	76,069	45.40
	オレゴン	7.20	1.60	65,038	37.00
	ワシントン DC	7.18	0.40	93,023	40.20
	マサチューセッツ	6.40	3.50	88,393	37.40
	ミネソタ	6.30	2.20	71,467	35.40
	ロードアイランド	6.10	0.40	64,162	33.20
下位10州	ミシシッピー	2.90	0.30	48,362	24.10
	テキサス	2.80	4.00	64,335	24.20
	ルイジアナ	2.80	0.60	56,886	24.60
	アラバマ	2.70	0.60	55,598	26.40
	フロリダ	2.60	2.80	61,988	23.90
	ネバダ	2.20	0.40	64,588	26.00
	テネシー	1.90	0.60	58,457	20.30
	サウスダコタ	1.80	0.10	61,450	17.90
	ワイオミング	1.80	0.10	69,484	22.20
	ノースダコタ	1.80	0.10	66,250	19.10

（出所）Bellafiore（2018），p. 2 より作成。

180

ニューヨーク，ペンシルヴェニアにおいてどういう特徴が見られるか。表7-10で明らかなように，「調整総所得（AGI）に対する州・地方税額控除の比率」，「州の割合」，「納税者当たりの調整総所得」，「項目別控除者の割合」の4指標いずれにおいても，ニューヨークとカリフォルニアは上位に位置している。それは，この2州においては累進制の州所得税，税率の高い州売上税が基幹税となっているからである。

テキサスとフロリダは，州の割合を除く3指標において下位に位置している。それは，この2州においては州所得税を課していないからである。表7-10の下位10州の中に，ランキングされてはいるが，他の下位の州と違って，これら2州は人口も大規模で，高所得者も多くおり，高い売上税も支払っているために，「州の割合」の数値はやや大きい。

ペンシルヴェニアは表7-10に載っていないが，元の資料[23]によれば，「AGIに対する州・地方税控除額の比率」は，5.00％で上位14番目の位置にある。「州の割合」は3.70％で上位5位，「納税者当たりの調整所得」は65,408ドルで上位8位，「項目別控除者の割合」は29.10％で上位16位となっている。この州は高所得者も多く，あまり高くないフラットな税率の州所得税があり，また高い税率の売上税も課しているので，このような位置にいるのであろう。

5-2　2020年CARES法税制改正措置の州・地方税への影響

ここでは，州税収を維持するために，事業損失に対するCARES法の税制改正措置から州税法をデカップリング（切り離し）する必要性について述べる。

州はパンデミック下において経済的・財政的打撃を受けたが，均衡予算原則に拘束されているので，これからできるだけ税収入を増やして，教育，医療，子育て，インフラ整備などの枢要なサービスの削減を最小化して，州の経済と財政を再建していかねばならない。

ところが，税収増を図りたいのに，州の所得税と法人税は連邦の所得税と法

---

23)　Bellafiore (2018), pp. 3-4 Table 3.

人税にリンクしているために，2017 年 TCJA の税制改革が，州税収入に大きな影響を与えることになったことはすでに述べた。その上さらに，2020 年 CARES 法に含まれる税制改正措置が州税収入に深刻な影響を与えるようになっており，そのためには CARES 法の租税改正措置から州税法をデカップリングする必要があるのではないかと思われる。そうした点を検討するに当たって 1 つ留意しておきたいのは，CARES 法に含まれる税制改正措置が TCJA の部分否定で構成されている点である。

　この問題の最新の研究論文は Mazerov（2020）なので，ここではその分析の要点について述べることにする[24]。

　CARES 法には，州がデカップリングを考えてよい租税規定が多くあるが，近いうちに最も著しい州の収入減となりそうな租税規定をここでは問題にする。CARES 法の問題の租税規定とは，2017 年 TCJA が事業者の租税負担を軽減するために，事業損失を利用できる事業者の権能に加えた制限を中止したことを指す。

　そもそも 2017 年 TCJA は，法人や通り抜け（パススルー）事業体に大きな連邦税減税を認めたが，それらの減税による収入喪失を緩和するために，TCJA は，少し課税ベースを広げる規定を盛り込んだ。しかし，CARES 法はそれを中止する次の 1)〜3) の租税規定を新たに定めた[25]。

　1) 通り抜け（パススルー）事業者に，自己の非事業所得と相殺するために，無制限の事業損失控除を認めた。

　TCJA 下では通り抜け（パススルー）事業者は，キャピタルゲインのような非事業所得から事業損失を 1 夫婦で 50 万ドル（1 個人で 25 万ドル）まで控除できると制限をかけていた。その金額を超える損失（みなし超過事業損失）は将来所得からは控除可能であった。CARES 法はこの TCJA の控除制限を，2020 年度だけでなく，2018，2019 年度にも遡求して中止した。

　2) 法人及び通り抜け事業者が過去の年度の利潤と相殺するために，現年度

24)　　Mazerov（2020），pp. 2-3.
25)　　*Ibid.*, pp. 5-6.

の損失を利用することを認めた。

　TCJA は，これまであった NOL（営業純損失）の繰越規定を残しながら，NOL の繰戻し規定を廃止した。CARES 法は NOL 繰戻し規定を再導入したばかりでなく，それを 2018，2019 年度にも遡求して適用した。また 2013 年度まで遡って支払われた税の還付を受けられるように，損失を使うことも認めた。

　3）法人や通り抜け（パススルー）事業体が，利益が得られている年の租税負担を以前の年の損失控除で相殺してしまうことを認めた。

　TCJA の下では，NOL の繰越しは，現年度利潤のせいぜい 80％を相殺できただけであった。CARES 法は，2020 年度と同様またしてもパンデミック前の 2018，2019 年度についても，この制限（80％）を取り除いた。

　以上，CARES 法の 3 つの大きな租税規定について説明したが，Mazerov（2020）は，州はこれら 3 つの租税規定と州税法をデカップリング（切り離）し，TCJA の制限を回復した方がよいという。その理由を次のように説いている[26]。

　①　TCJA の超過事業損失制限の中止を定めた CARES 法の規定から，州税法をデカップリングする方がよい理由

　・デカップリングは，州の重要な税収を守ることになる。

　・CARES 法の過大な事業損失を認めた減税規定の便益は圧倒的に最富裕層に行きつくので，デカップリングは州税を最富裕層に与えるのを回避することになる。

　・控除される事業「損失」の多くは，真の経済的損失ではなく，不動産やその他投資に対する非常に寛大な控除による単なる帳簿上の損失である。

　・CARES 法の規定は，パンデミックや景気後退以前の課税年度にも適用されるばかりでなく，パンデミックや景気後退で現実に打撃を受けた通り抜け（パススルー）事業者をターゲットにしていない。

　・州が税収を失う中で，せいぜいほんのわずかな減税額だけが通り抜け（パススルー）事業に再投資されそうである。

26）　*Ibid.*, pp. 6-12.

・減税は他の事業形態よりもある事業形態を優遇することによって，勝組と負組を創り出す。通り抜け（パススルー）事業体のオーナー経営者と違って，課税される C 法人のオーナー経営者は事業損失を非事業所得相殺のために使うことはできない。

②　CARES 法が認めた純営業損失（NOL）の繰戻規定から，州税法をデカップリングする方がよい理由

・CARES 法の純営業損失（NOL）の繰戻規定の細目規定は，通常以上に州財政を傷つけそうである。

・CARES 法の租税規定は，パンデミックで打撃を受けた事業者をターゲットにしていない。

・純営業損失（NOL）の繰戻控除の拡大は，経済刺激策としてほとんど見合う価値のあるものではない。

③　CARES 法が認めた「純営業損失（NOL）の繰越控除に対する 80％制限」の撤去規定から，州税法をデカップリングする方がよい理由

・CARES 法は，NOL の繰越控除に対する 80％制限を撤去し，100％控除を可能にし，しかもそれを 2018，2019 課税年度にまで遡って実施することにしたが，2018，2019 年度の多くの損失は帳簿上の損失であり，真の経済的損失ではないので寛大すぎ，州税収の喪失に結果する。CARES 法の租税規定に追随せず，州税法をそれからデカップリングするべきである。

　では，どの州がすでに自己の州税法と連邦税法とのリンクをデカップリングしているのか。2020 年 12 月現在では，コロラド，ジョージア，ハワイ，ニューヨーク，ノースカロライナの 5 州である。CARES 法の租税規定により，2018，2019 年度のすでに徴収した州税収部分の返還を回避するためにそうしたのである。なお，本章で対象としているテキサスはそもそも州所得税，州法人税を課していない。フロリダも州所得税を課しておらず，州法人税もわずかしか課していない。したがって，デカップリングは問題にならない。

6．おわりに

　新型コロナウイルスの感染拡大から約 1 年後，バイデン大統領は，政権発足以来ワクチン接種を積極的に推進してきた結果，2021 年 4 月 6 日にはすでに 1 億 5000 万回分の接種を終え，4 月 19 日には成人全員が接種を受けられるようになると，胸を張った。

　ワクチン接種が急速に進むにつれ，3 月には新型コロナウイルスによる打撃の大きかった娯楽・レクリエーション・観光業，飲食業等のサービス業が急回復してきている。バイデン政権は 7 月 4 日の独立記念日は新型コロナウイルスからの独立記念日となるであろうと主張した。そうなれば，米国経済は V 字回復するであろう。連邦公開市場委員会（FOMC）は 3 月に 2021 年の米国経済の経済見通しについて，実質成長率 6.5％，失業率 4.5％という数値を示している。IMF は 4 月初旬に，2021 年の米国成長率 6.4％の見通しを出している。米国経済がこの数値と同等か，それ以上に急速に回復すれば，新型コロナウイルスの感染拡大で打撃を受けている州の経済と財政は立ち直り，状況改善は進むであろう。

　そこで最後に，州の経済と財政の立直り・状況改善に大きな役割を果たすと思われる，2021 年 3 月 11 日成立の「米国救済計画（ARP）法」について検討しておくこととする。

　ARP 法は，第 5 弾目の新型コロナウイルス対策法で予算は 1.9 兆ドルと大規模である。その目標は新型コロナウイルスの感染拡大で苦境に陥っている人々を支援し，経済を回復軌道に乗せることである。この目標を達成するために，ARP 法は次の①〜⑧のような柱を設けている[27]。① 失業給付の拡充と延長，② 児童税額控除と勤労所得税額控除の拡充，③ 現在実行中の基本的食糧援助の継続と低所得の女性・幼児・子供への新しい栄養プログラム，④ 医療保障範囲の拡大，⑤ 住宅困窮者支援の拡大，⑥ 州・地方政府への財政的支援，

27）　CBPP Staff（2021），pp. 1-10.

⑦所得・中等教育を担う学校区への資金援助，⑧パンデミック下で困窮している家族を州・地方政府が支援することができるように，10億ドルの「パンデミック緊急支援基金」を設ける。以上のうち，直接・地方政府財政の援助となるのは⑥と⑦なので，ここではそれらについて述べる。

さて，ARP法は，州・地方政府が予期せずしてかかった費用をカバーし，パンデミックの州・地方収入への影響を帳消しにするのを支援するために，3500億ドルの予算を付けた。この3500億ドルは，州・地方にいかに配分されるのか，またその時の配分基準は何であるか。Walczak（2021）によれば，次のようになっている[28]。

州政府全体には，1953億ドル（全体の55.8%）が配分される。各州は，全米の失業者に占める自州の失業者の比率に従って，全体額からの配分を受ける。地方政府全体には，1302億ドル（37.2%）が配分される。それはさらに都市分とカウンティ分に均等に分割される。各都市は，既存の地域開発ブロック補助金（CDBG）の算式に従って配分を受け，各カウンティは人口を基に配分を受ける。テリトリー全体には，45億ドルが配分される。各テリトリーには，基本割当額と人口を基に配分される。先住民政府全体には，200億ドルが配分される。各先住民政府への資金配分は財務省が決める。

では，ARP法による州・（地方）への財政的支援がパンデミックにより影響を受けた州歳入をカバーすることになるのか，全州と5つの大規模州についてまとめた表7-11を見てみよう。

州歳入の2019年から2020年への変化額の欄を見ると，全州（州合計）では16億9000万ドルの歳入減となっている。5つの大規模州の中ではカリフォルニア州だけが，61億6700万ドルの歳入増となっているが，他の4州は皆歳入減となっている。次に，ARP法の州・地方援助割当案の合計援助額の欄を見てみよう。カリフォルニアは他の4州と違って州歳入増にもかかわらず，一番多く合計援助額が割り当てられている。州援助額と地方援助額に分けて見ても，

186

表7-11　州歳入の2019年から2020年への変化額と米国救済計画法の
州・地方援助額の連邦政府割当案

州　名	州歳入の変化額(100万ドル)	米国救済計画法の州・地方援助割当案			連邦の援助	
		州援助額(100万ドル)	地方援助額(100万ドル)	合計援助額(100万ドル)	歳入喪失額に対する比率(％)	1人当たり金額(ドル)
合衆国合計	NA	219,800	130,200	350,000	NA	1,066
州合計	-1,690	195,300	128,026	323,327	11,558	985
カリフォルニア	6,167	26,264	14,943	41,207	—	1,043
テキサス	-4,082	16,824	10,337	27,161	412	937
フロリダ	-2,635	10,310	6,048	16,357	391	762
ニューヨーク	-1,229	12,665	10,612	23,277	1,030	1,197
ペンシルヴェニア	-67	7,349	5,765	13,114	10,866	1,024

（注1）「歳入喪失額に対する連邦の援助の比率」は，「州の歳入喪失額に対する連邦の州援助の比率」を示している。
　　　他方，「連邦援助の1人当たり金額」は，「州と地方の両政府に対する連邦援助の1人当たり額」を示している。
（注2）合衆国合計には，テリトリーの合計と先住民政府の合計が含まれている。
（出所）Walczak（2021），p. 2 より作成。

カリフォルニアは他州より多く援助額が割り当てられている。もう1つ気付くのは，州歳入減はフロリダの方がニューヨークより大きいが，ARP法下では，州援助額及び地方援助額のいずれにおいても，フロリダよりニューヨークの方が大きな割り当てとなっている。

　最後に「歳入喪失額に対する連邦の援助」の欄を見てみよう。この欄は「州の歳入喪失額に対する連邦の州援助の比率」を示している。カリフォルニアは別にして，州の歳入喪失額を連邦の援助額がカバーする比率は，高い順にペンシルヴェニア，ニューヨーク，テキサス，フロリダとなる。また，1人当たり連邦援助額の多いのはニューヨークで，カリフォルニア，ペンシルヴェニアがそれに続いている。

　いずれにせよ，全体的にはパンデミックによる州歳入への打撃は恐れられたほどではないが，ほとんどの州はパンデミック前の水準以下のままである。そして州の中には，厳しい歳入喪失に見舞われているところもある。表7-11のような州・地方援助の割当案が公平かどうかは別にして，ARP法による州への財政的支援が州の経済・財政の回復に大きな刺激策となるのは間違いない。

　なお，ARP法はまた，パンデミックによる初等・中等学校の生徒の学習へ

の影響に取り組むために，ほぼ自由に使える資金総額 1300 億ドルを学校区に
援助することができる。援助を受ける学校区は，2023-24 学校年までそれを使
うことができる。連邦政府のこの学校区への資金援助について，CBPP Staff
（2021）により，もう少し詳しく述べておこう[29]。

　初等・中等教育は，圧倒的に州・地方の資金で賄われている。現在その 92%
が州・地方の資金で，残りが連邦の資金によっている。しかし，新型コロナウ
イルスの感染拡大で，州は初等・中等教育資金を削減せざるをえなくなった。
その結果，州・地方は連邦援助がなければこれから数年間を乗り切るには非常
に厳しい財政上，教育上の試練に立たされることになった。初等・中等教育資
金は州予算の約 26% を占めているが，州は均衡予算原則を守りながら，それ
らの教育資金を完全に確保するのは非常に難しいと感じるようになっている。
そこで ARP 法は，学校区に対して，パンデミックや遠隔授業が引き起こした，
広範な学習喪失に取り組むための重要な投資ができるようにするであろう。

参 考 文 献

片桐正俊（2018）「米国 2017 年減税・雇用法（トランプ減税）の政策効果予測およ
　　び法人税改革内容の検討」篠原正博編『経済成長と財政再建』中央大学出版部，
　　9 月。
片桐正俊（2019）「米国 2017 年減税・雇用法（トランプ減税）の経済・財政・減税
　　便益効果と個人課税改革の検討」『経済学論纂（中央大学）』第 59 巻第 3・4 合
　　併号，1 月。
田村優衣（2020）「米国州政府の財政リスク：連邦政府による支援の課題と均衡財
　　政主義の足枷」『みずほインサイト』，みずほ総合研究所，7 月 20 日。
中村玲子（2018）「トランプ政権の税制改革における州・地方税控除改革」『地方税』
　　第 69 巻第 3 号。
Bauer, Lauren, Kristen Broady, Wendy Edelberg, and Jimmy O'Donnell（2020）, *The Hamil-
　　ton Project: Ten Facts about COVID-19 and the U.S. Economy*, Brookings, September.
Bellafiore（2018）, *Who Benefits from the State and Local Tax Deduction?*, Tax Foundation.
CBPP Staff（2021）, "American Rescue Plan Act Will Help Millions and Bolster the
　　Economy", *Center on Budget and Policy Priorities*, March 10.
Council of Economic Advisers（CEA）（2021）, *Economic Indicators: February 2021*, US
　　Government Publishing Office.

---

29)　CBPP Staff, *op. cit*., pp. 9–10.

Dadayan, Lucy (2020), "States Saw Freefall Drop in Revenues in the Second Quarter; Party Offset in the Third Quarter but Still Depressed from Pandemic", *State Tax and Economic Review, 2020 Quarter 2*, Urban Institute, December.

Driessen, Grant A. (2020), "The Coronavirus Relief Fund (CARES Act, Title V): Background and State and Local Allocations", *CRS REPORT* R46298, April 1.

Driessen, Grant A. and Joseph S. Hughes (2020), "The SALT Cap: Overview and Analysis", *CRS REPORT* R46246, March 6.

Federal Reserve Bank of New York (FRBNY) (2021), *Municipal Debt Markets and the COVID-19 Pandemic-Liberty Street Economics*, June 29, p. 1.

Gordon, Tracy (2020), *How Covid-19 Is Affecting State and Local Government Budgets?*, Tax Policy Center, July 8, p. 5.

Huffer, Erin, John Iselin, Frank Sammartino, and David Weiner (2019), "Effects of the Tax Cuts and Jobs Act on State Individual Income Taxes", *Washington University Journal of Law & Policy*, Vol. 58.

Labonte, Marc (2021), "The Federal Reserve's Response to COVID-19: Policy Issues", *CRS REPORT* R46411, Updated February 8.

Mazerov, Michel (2020), "First, Do No Harm: States Can Preserve Revenue by Decoupling from CARES Act Tax Breaks for Business Losses", *Center on Budget and Policy Priorities*, December 17.

National Association of State Budget Officers (NASBO) (2020a), *2020 State Expenditure Report · Fiscal Years 2018–2020*.

National Association of State Budget Officers (NASBO) (2020b), *Summary: 2020 State Expenditure Report*, November 20.

National Association of State Budget Officers (NASBO) (2020c), *The Fiscal Survey of States*, Fall.

National Association of State Budget Officers (NASBO) (2020d), *Summary: Fall 2020 Fiscal Survey of States*, December 23.

Peterson, Peter G. (2021), "Here's Everything the Federal Government Has Done to Respond to the Coronavirus So Far", *Blog*, January 25.

Pew Charity Trusts (PCT) (2020), "The Municipal Liquidity Facility: How It Works", *Fact Sheet*, October 21.

Urban Institute (2021), "Table: state fiscal and economic indicators during the pandemic XLS", *State Tax and Economic Review*.

Walczak, Jared (2021), *State Aid in American Rescue Plan Act Is 116 Times States' Revenue Losses*, Tax Foundation, March 3.

Wikipedia (2021a), "Consolidated Appropriation Act, 2021", March 25.

Wikipedia (2021b), "American Rescue Plan Act of 2021", March 25.

執筆者紹介（執筆順）

持田信樹　研究員（中央大学総合政策学部教授）

関野満夫　研究員（中央大学経済学部教授）

浅羽隆史　客員研究員（成蹊大学法学部教授）

中島正博　客員研究員（上富田町総務課副課長）

田代昌孝　客員研究員（桃山学院大学経済学部教授）

柏木　恵　客員研究員（キヤノングローバル戦略研究所研究主幹）

片桐正俊　客員研究員（東京通信大学情報マネジメント学部教授，中央大学名誉教授）

現代地方財政の諸相　　　　中央大学経済研究所研究叢書　78

2021 年 10 月 20 日　発行

編著者　　関　野　満　夫
発行者　　中央大学出版部
代表者　松　本　雄一郎

東京都八王子市東中野 742-1
発行所　中　央　大　学　出　版　部
電話 042(674)2351　FAX 042(674)2354

中央大学経済研究所研究叢書

＊表示価格は税込です.